PRINCIPES ÉLÉMENTAIRES

DE MUSIQUE

ET

DE PLAIN-CHANT,

SUIVIS D'EXEMPLES

pour faciliter l'intelligence du texte.

PRIX NET : 1 FR. 50 C.

À RENNES,

LIBRAIRIE D'A. MARTEVILLE, PLACE DU PALAIS.

1840.

PRINCIPES ÉLÉMENTAIRES

DE

MUSIQUE

ET DE

PLAIN-CHANT,

SUIVIS D'EXEMPLES

POUR FACILITER L'INTELLIGENCE DU TEXTE.

Seconde Édition.

Peu de préceptes, beaucoup de pratique.

PRIX NET : 1 FR. 50 C.

RENNES,

LIBRAIRIE D'AMB. JAUSIONS, PLACE DU PALAIS.

1840.

Impr. d'Aub. Lebroux, rue de Bordeaux.

AVERTISSEMENT.

Cᴇᴛ exposé de principes, destiné aux élèves d'une école de musique religieuse qui venait d'être établie à Rennes, parut pour la première fois en 1828. L'auteur, comme il en prévenait lui-même, l'avait, pour ainsi dire, puisé tout entier dans les meilleurs ouvrages publiés sur cette matière; il les avait mis à contribution et s'était approprié tout ce qui lui avait paru propre à remplir le plan qu'il s'était formé. Il désirait être court, méthodique et ne rien omettre d'essentiel pour l'intelligence de la musique et du plain-chant. Mais la promptitude avec laquelle cet écrit fut rédigé, dut nécessairement entraîner bien des imperfections. Néanmoins, comme il avait alors paru peu d'ouvrages renfermant, en un aussi petit espace, tant de notions utiles et propres à faciliter l'étude de la musique et du plain-chant, et peut-être encore, parce que celui-ci était d'un prix accessible à toutes les bourses, la première édition s'en est écoulée assez rapidement et il n'en reste aujourd'hui que bien peu d'exemplaires. Le besoin de mettre un livre élémentaire entre les mains des élèves de l'école mentionnée ci-dessus, s'est donc fait sentir de nouveau. C'est pour y satisfaire et en même temps pour être utile aux nombreux établissements où, depuis quelques années, on enseigne la musique, que nous avons cru devoir entreprendre une seconde édition de ce petit ouvrage.

L'auteur, après avoir fait connaître la *gamme* et les *clefs*, traite de suite de la *valeur des notes*, de la *mesure* et des *mouvements*, en un mot de tout ce qui concerne la *durée*, quoiqu'il eût peut-être semblé plus méthodique de continuer à parler de tout ce qui a rapport au *ton*. Mais si, dans la pratique, il est avantageux de présenter séparément ces deux parties aux élèves, afin de leur rendre plus aisée l'étude de chacune, il n'en est pas moins vrai qu'il existe entre ces deux parties une telle dépendance, que l'on ne peut guères s'adonner à l'une sans avoir quelque connaissance de l'autre, et que vous êtes forcé, par exemple, d'avoir recours à la *mesure*, lors même qu'il semblerait que vous n'avez à vous occuper que du *ton*, puisque les leçons, dans toutes les méthodes, sont mesurées à partir de la première et que, pour faire marcher ensemble un certain nombre d'élèves, la première condition est qu'ils aillent en mesure. D'ailleurs, comment un élève comprendra-t-il ce que vous lui observerez du dièse ou du bémol accidentel, dont l'effet n'a lieu que dans la mesure où il se trouve, si préalablement vous ne lui avez expliqué ce que c'est que la mesure ? Comment parler du moyen de reconnaître un ton mineur d'avec son majeur relatif, par la quinte de celui-ci devenue note sensible de celui-là et altérée ordinairement dans les premières mesures du morceau, si l'élève à qui l'on s'adresse n'a pas encore de notions sur la mesure ?

Au reste ceux qui penseraient qu'il vaut mieux ne s'occuper de la *durée* qu'après avoir épuisé ce qui concerne le *ton*, pourront réserver les chapitres 4, 5, 6, 7 et 8 et ne les lire qu'après le chapitre 20. Mais les considérations qui précèdent ont déterminé l'auteur à ne rien changer au plan qu'il avait suivi dans la première édition. Il s'est contenté de la revoir, de corriger les fautes qui s'y étaient glissées, de faire des additions assez considérables et de changer quelques passages, dans le but de le rendre plus clair et plus intelligible. Il a aussi profité de plusieurs ouvrages publiés postérieurement à celui-ci et d'autres plus anciens qu'il n'avait pas auparavant à sa disposition, ou qu'il n'avait pas eu loisir de consulter.

On trouvera peut-être que l'on a donné un peu trop d'étendue au dernier chapitre qui traite de la voix, (1) dans un ouvrage qui semblerait ne devoir être qu'un simple exposé de principes, comme son titre même le porte, destiné aussi bien aux élèves qui s'adonnent à un instrument, qu'à ceux qui se livrent à la musique vocale; mais outre que cette dernière est très-utile pour l'étude d'un instrument, on a dû encore s'occuper plus spécialement de ce qui regarde la voix, puisque l'école, à l'occasion de laquelle ce petit ouvrage a été entrepris, est particulièrement établie pour former des sujets qui puissent chanter convenablement dans les églises. Si donc l'auteur, au moyen de ce recueil, peut faciliter à ses élèves l'étude de la science musicale, et surtout s'il parvient à leur inspirer du goût pour chanter les louanges de Celui qui nous a donné la voix et tout ce que nous possédons, il se croira amplement récompensé de ce faible travail.

____

(1) Ce chapitre est extrait, en grande partie, de la Méthode de Chant, à l'usage du Conservatoire.

PRINCIPES ÉLÉMENTAIRES
DE MUSIQUE

ET

DE PLAIN-CHANT.

Ire PARTIE. — DE LA MUSIQUE.

CHAPITRE PRÉLIMINAIRE. *De la Musique et des Sons.*

La *musique* est l'art d'émouvoir par la combinaison des *sons*. Les sons dont il est ici question sont ceux que l'on produit au moyen de la voix chantante ou des instruments. Les sons combinés forment des *phrases* qui, jointes ensemble et se succédant avec art, composent le *langage musical*; de même que des mots réunis et offrant un sens forment les *phrases* dont se compose le *langage ordinaire*.

Les sons peuvent être entendus seuls et se succédant plus ou moins rapidement les uns aux autres, de manière à former un chant; c'est dans cette succession de sons que consiste la *mélodie*. Ils peuvent aussi être entendus simultanément. Cette réunion de sons s'appèle *accord*, et c'est d'une suite d'accords que résulte l'*harmonie*.

Il est aisé de s'apercevoir que parmi les sons il y en a de *graves*, d'*aigus* et d'autres qui, se rapprochant plus ou moins des sons graves ou des sons aigus, tiennent le *milieu* entre eux. Du son le plus grave que l'on puisse faire entendre à l'aide de la voix ou d'un instrument au son le plus aigu, il y a un nombre incalculable d'autres sons possibles; mais on ne saurait admettre dans la pratique une aussi grande quantité de sons, la différence d'un son au son le plus rapproché étant si petite, qu'elle est imperceptible à l'oreille. Aussi n'a-t-on admis qu'un nombre limité de sons placés entre eux à des distances que l'oreille puisse apprécier sans difficulté, et dont elle soit satisfaite. La plus petite de ces distances, celle du moins qui est d'un usage habituel, est le *demi-ton*, ainsi nommé, parce qu'il est à-peu-près la moitié d'une autre distance appelée *ton*. Au reste, toute explication à ce sujet devient inintelligible pour celui qui n'a pas encore pratiqué lui-même ou entendu pratiquer des tons et des demi-tons avec la voix ou un instrument.

Lorsque les sons se trouvent aux distances voulues entre eux, sans être ni plus haut ni plus bas, on dit qu'ils sont *justes*; dans le cas contraire, on dit qu'ils sont *faux*. Ce n'est pas que, considérés en eux-mêmes, il y ait des sons faux ou justes. Tout son pris isolément peut satisfaire l'oreille; il ne devient juste ou faux que par la comparaison que l'on en fait avec un autre son.

Pour nommer tous les sons admis dans la musique, il a suffi des sept syllabes suivantes : *ut* ou *do*, *ré*, *mi*, *fa*, *sol*, *la*, *si*, parce que, si l'on parcourt les sept sons ainsi désignés et que l'on veuille continuer ensuite, ce sont absolument les mêmes qui reviennent et dans le même ordre, soit en montant, soit en descendant, à la seule différence que les uns sont plus aigus et les autres plus graves.

Dans le but de fixer les sons d'une manière uniforme et régulière, et d'éviter la confusion qui résulterait de la liberté laissée à chacun de nommer tel ou tel son, *ut* ou *ré*, par exemple, comme bon lui semblerait, on a inventé un petit instrument en acier, qu'on appèle *diapason*. Les diapasons donnent un son fixe sur lequel se règlent les voix et s'accordent les instruments. Les diapasons de France donnent le *la*.

Il y a plusieurs choses à considérer par rapport aux sons : leur *intonation*, leur *durée*, leur *intensité*. Par intonation, on entend le ton plus ou moins élevé du son; par durée, le plus ou moins de temps que subsiste le son; par intensité, le plus ou moins de force du son.

On acquerra dans les trois premiers chapitres les notions les plus indispensables pour mettre l'élève à même d'apprendre ses notes, et de lire au moins les exercices de musique destinés aux commençants. Toutes les explications données dans ces chapitres sont relatives à l'intonation. On trouvera dans les chapitres 4, 5, 6, 7, 8, tout ce qu'il est le plus nécessaire de connaître par rapport à la durée. Les chapitres suivants, jus-

qu'au 20.ᵉ inclusivement, sont consacrés à développer ce qui
regarde l'intonation et deviennent la continuation des trois premiers chapitres. L'on a vu, dans l'avertissement, les raisons
qui ont engagé à parler de la durée, avant de compléter ce
qui restait à dire au sujet de l'intonation. Enfin, les derniers
chapitres donnent l'explication de plusieurs mots et de plusieurs signes qui se rencontrent fréquemment dans la musique,
parmi lesquels se trouvent les mots et les signes qui ont rapport à l'intensité.

Chapitre I.ᵉʳ *Des Notes et de leur position.*

On se sert, pour représenter les sons, de caractères ou signes
qu'on appèle *notes*. Les notes s'écrivent sur cinq *lignes* tracées horizontalement, auxquelles on donne le nom de *portée*. On compte les lignes de la portée en commençant par le
bas. Une portée étant formée de cinq lignes renferme nécessairement quatre *espaces* ou *interlignes*, dans lesquelles se
placent aussi les notes. Les sons graves sont indiqués par les
notes placées dans le bas de la portée, les sons aigus par les
notes écrites dans le haut, et les sons mitoyens ou du *medium*
par les notes occupant le milieu, en sorte que les notes expriment des sons d'autant plus aigus ou d'autant plus graves,
qu'elles se trouvent placées plus haut ou plus bas dans la
portée. Ainsi la note occupant la première ligne représente un
son comparativement plus grave que celle du premier interligne, celle-ci représente un son plus grave que celle de la
deuxième ligne et ainsi de suite.

Comme les cinq lignes de la portée seraient insuffisantes
pour représenter tous les sons qui peuvent être rendus par
les voix, et surtout par les instruments qui en dépassent de
beaucoup l'étendue, et que, d'un autre côté, l'on ne pourrait
augmenter les lignes de la portée sans y jeter de la confusion, on a recours à de petites lignes qu'on ajoute, selon le
besoin, au-dessus ou au-dessous de la portée et, qu'on nomme
supplémentaires ou *additionnelles*. Les notes placées sur ces
petites lignes ou dans les interlignes qu'elles renferment expriment des sons *sur-aigus*, c'est-à-dire très-aigus ou *sous-
graves*, c'est-à-dire très-graves, selon qu'elles se trouvent
au-dessus ou au-dessous de la portée. Les notes portent les
noms des sons qu'elles représentent; d'où il arrive que ces

deux mots *son* et *note* se prennent presque toujours indifféremment l'un pour l'autre. *Voyez exemple du chapitre 1.ᵉʳ*

CHAPITRE II. *De la Gamme diatonique, de sa composition, et de sa division.*

Les sons *ut*, *ré*, *mi*, *fa*, *sol*, *la*, *si*, chantés de suite en y ajoutant *ut* pour huitième son, forment une *échelle* ou *gamme diatonique*, et chaque son occupe un *degré* de cette gamme ou échelle. On nomme *intervalle* la différence d'un son à un autre son; de sorte que dans une gamme on compte huit degrés et sept intervalles. Ces intervalles ne sont pas tous égaux; car cinq sont d'un *ton* et deux sont d'un *demi-ton*. Les intervalles d'un ton se trouvent du premier degré au second, comme *ut*, *ré*; du second au troisième, comme *ré*, *mi*; du quatrième au cinquième, comme *fa*, *sol*; du cinquième au sixième, comme *sol*, *la*; du sixième au septième, comme *la*, *si*. Les intervalles d'un demi-ton existent du troisième au quatrième degré, comme *mi*, *fa*; et du septième au huitième, comme *si*, *ut*. Le mot *diatonique*, qu'on ajoute à celui de gamme, veut dire que les sons se succèdent par tons et par demi-tons. Ainsi l'on peut définir la gamme diatonique une suite de huit sons qui se succèdent par tons et par demi-tons, et dont le dernier n'est que la *répétition* ou l'*octave* du premier. Une gamme peut commencer par n'importe lequel des sept sons, comme nous le verrons dans un des chapitres suivants, pourvu qu'ils se suivent dans l'ordre indiqué ci-dessus, de manière à former en montant deux tons d'abord, puis un demi-ton, trois tons ensuite et enfin un demi-ton.

On peut prolonger une gamme, autant que le permet l'étendue de la voix ou d'un instrument, par la répétition ou *réplique* des mêmes sons, soit du côté de l'aigu, c'est-à-dire en montant, soit du côté du grave, c'est-à-dire en descendant. Toute gamme qui monte est dite *gamme ascendante*, toute gamme qui descend est appelée *gamme descendante*.

On divise la gamme diatonique en deux parties égales, séparées l'une de l'autre par un intervalle d'un ton. Chacune de ces parties renferme deux tons et un demi-ton et se nomme *tetracorde*. Ce mot tetracorde signifie quatre *cordes* ou quatre sons. On dit que le tetracorde est *majeur*, quand

il commence par deux tons et finit par un demi-ton, comme
ut, *ré*, *mi*, *fa*; il est *mineur*, lorsque le demi-ton se
trouve entre les deux tons, comme *ré*, *mi*, *fa*, *sol*; enfin
il est *minime*, lorsqu'il commence par un demi-ton et finit
par deux tons, comme *mi*, *fa*, *sol*, *la*. On dit encore que
le tetracorde est *direct*, quand on le commence par le
son le plus grave, et qu'il est *inverse* quand on le
commence par le son le plus aigu.

Entonner les sons en prononçant en même temps les syllabes
de la gamme qui leur correspondent, cela s'appèle *solfier*. Si,
au lieu de se servir des syllabes *ut*, *ré*, *mi*, etc., on emploie
une même voyelle pour tous les sons, *a*, par exemple, cela
s'appèle *vocaliser*. Appliquer des paroles aux sons que l'on
entonne, est ce qui s'appèle *chanter*.

On désignait autrefois, comme on le fait encore en certains
pays et même quelquefois en France, les sons *la*, *si*, *ut*, *ré*,
mi, *fa*, *sol*, par les lettres *a*, *b*, *c*, *d*, *e*, *f*, *g*. V. ex. du ch. 2.

Chapitre III. *Des Clefs et de leur position.*

On appèle *clef* un signe qui se met au commencement de
la portée, et qui sert à déterminer l'ordre et le nom des notes.
Il y a trois clefs : la clef de *fa*, la clef d'*ut* et la clef de *sol*.
Ces clefs empruntent leur nom des trois notes *fa*, *ut*, *sol*.

La clef de *fa* a deux positions : elle se place sur la troisième
et la quatrième ligne. La clef d'*ut* a quatre positions : elle se
place sur la première, la seconde, la troisième et la quatrième
ligne. Enfin, la clef de *sol* a deux positions : elle se place sur
la première et sur la seconde ligne.

Les positions de la clef de *fa* sur la troisième ligne, de la
clef d'*ut* sur la seconde, et de la clef de *sol* sur la première,
ne sont plus guère en usage aujourd'hui. Il est pourtant nécessaire de les connaître, tant pour être à même de lire la
musique ancienne où ces clefs se trouvent employées, que
parce qu'elles sont d'un grand secours pour la *transposition*,
comme nous le verrons dans le chap. 23.

Chaque clef donne son nom aux notes qui se rencontrent
sur la ligne où elle est posée; les autres notes se nomment
ensuite selon leur ordre naturel. Ainsi, lorsque la *clef* d'*ut* est
placée sur la première ligne, toutes les notes qui se trouvent
sur la première ligne s'appèlent *ut* : d'où il résulte que le

nom donné à une note dépend absolument de la position de la clef, et comme il peut y avoir sept positions de clefs, une note placée sur une ligne peut changer sept fois de nom, si l'on emploie tour-à-tour les sept différentes positions de clefs. Par exemple, la note qui se nommait *ut* en clef d'*ut* sur la première ligne s'appèlera *mi*, si la clef d'*ut* vient à être remplacée par la clef de *sol* sur la seconde ligne, et l'*ut* se prendra alors à la ligne supplémentaire au-dessous de la portée. Mais quoique cette note *ut* change de position avec la clef, le son qu'elle représente est toujours le même, quelle que soit la ligne ou l'interligne où elle se trouve placée.

Pour apprendre à nommer les notes sur telle ou telle clef, il faut prendre pour guide la note placée sur la même ligne que la clef, et partir de cette note soit en montant soit en descendant, et en nommant les notes dans l'ordre de la gamme. On suit la même marche pour trouver l'*ut*, par exemple, ou toute autre note qu'on voudra, quelle que soit la clef.

On n'emploie pas indistinctement toutes les clefs pour toutes sortes de voix ou d'instruments; mais on a égard à la nature de telle ou telle voix pour faire usage de telle ou telle clef. Ainsi la clef de *fa* s'emploie pour les voix et les instruments graves. La clef d'*ut* sur la troisième et la quatrième ligne sert pour les voix ou instruments intermédiaires. La clef d'*ut* sur la première ligne et la clef du *sol* s'emploient pour les voix et les instruments aigus. Voici les noms en italien et en français des six différents genres de voix, en allant de la plus aiguë à la plus grave : *soprano*, dessus; *mezzo soprano*, second dessus; *alto*, haute-contre; *tenore*, taille; *baritono*, bariton ou concordant; *basso*, basse. *Voyez ex. du ch. 3.*

Chapitre IV. *Des Notes et de leur valeur.*

Du degré d'abaissement ou d'élévation qu'occupe une note sur la portée, dépend le ton ou l'intonation de cette note. La forme ne signifie donc rien quant à l'intonation du son. Il n'en est pas ainsi par rapport à sa *durée*. C'est la *figure* de la note qui indique si le son doit être plus ou moins prolongé. Qu'un son se prolonge beaucoup, on dit que la note a beaucoup de *valeur*; qu'il dure peu, on dit que la note a peu de *valeur*. La figure de la note exprime donc la durée ou valeur du son. On compte dans la musique sept figures de notes, savoir : la *ronde*, la *blanche*, la *noire*, la *croche*, la *double croche*, la *triple croche* et la *quadruple croche*. La ronde est prise pour *l'unité* de durée ; la blanche représente la *moitié* de cette durée ; la noire en exprime le *quart*, la croche le *huitième*, etc. Ainsi la ronde vaut deux blanches, ou quatre noires, ou huit croches, ou seize doubles croches, ou trente-deux triples croches, ou soixante-quatre quadruples croches.

La blanche n'étant que la moitié de la ronde vaut deux noires, ou quatre croches, ou huit doubles croches, ou seize triples croches, ou trente-deux quadruples croches.

La noire n'étant que le quart de la ronde, ou la moitié de la blanche, vaut deux croches, ou quatre doubles croches, ou huit triples croches, ou seize quadruples croches.

La croche n'étant que la huitième partie de la ronde, ou le quart de la blanche, ou la moitié de la noire, vaut deux doubles croches, ou quatre triples croches, ou huit quadruples croches.

La double croche vaut la seizième partie de la ronde, ou la huitième partie de la blanche, ou le quart de la noire, ou la moitié de la croche, ou deux triples croches, ou quatre quadruples croches.

La triple croche vaut la trente-deuxième partie de la ronde, ou la seizième partie de la blanche, ou la huitième partie de la noire, ou le quart de la croche, ou la moitié de la double croche, ou deux quadruples croches.

La quadruple croche vaut la soixante-quatrième partie de la ronde, ou la trente-deuxième partie de la blanche, ou la seizième partie de la noire, ou la huitième partie de la croche, ou le quart de la double croche, ou la moitié de la triple croche.

On voit par là que, depuis la ronde jusqu'à la quadruple croche, la valeur de chaque note est double de celle qui la suit. Il en était de même pour les notes employées autrefois. Ces notes étaient au nombre de cinq, et s'appelaient *maxime*, *longue*, *brève*, *semi-brève* et *minime*. La maxime avait une valeur double de la longue ; la longue une valeur double de la brève ; la brève, que l'on nomme aussi carrée, et qui est encore en usage dans la musique religieuse, avait une valeur double de la semi-brève, qui est maintenant ce que nous appelons la ronde, et qui vaut le double de la blanche, dite autrefois minime. *Voyez ex. du ch. 1.*

Chapitre V. *Des Silences, du Point d'accroissement et des Triolets.*

La musique ne se compose pas seulement de sons. Le *silence* qui se combine avec les sons en fait aussi partie.

Comme il y a sept figures de notes, il y a aussi sept signes ou figures qui désignent le *silence*, et qui répondent à chacune des sept figures de notes. Ce sont *la pause*, la *demi-pause*, le *soupir*, le *demi-soupir*, le *quart de soupir*, le *huitième* ou *demi-quart de soupir*, et le *seizième* ou *quart de quart de soupir*. La pause répond à la ronde, c'est-à-dire dure autant que durerait une ronde; la demi-pause répond à la blanche, le soupir à la noire, le demi-soupir à la croche, le quart de soupir à la double croche, le huitième de soupir à la triple croche, et le seizième de soupir à la quadruple croche. Comme on voit, la durée de chaque note peut être représentée par un silence d'une égale durée.

On appèle notes *pointées* celles qui sont suivies d'un ou plusieurs *points*. Un point ajouté à une note quelconque vaut la moitié de cette note, et lui donne par conséquent un tiers de plus de valeur qu'elle n'aurait sans lui; aussi se nomme-t-il *point d'accroissement* ou *point de prolongation*. Une ronde pointée, au lieu de ne valoir que deux blanches, en vaut donc trois; une blanche pointée, au lieu de ne valoir que deux noires, en vaut trois; une noire pointée, vaut trois croches, et ainsi des autres. Quand il y a plusieurs points à la suite de la note, le second ne vaut que la moitié du premier, et le troisième que la moitié du second.

Le silence d'une ronde pointée se représente par une *pause* et une demi-pause; le silence d'une blanche pointée, par une demi-pause et un soupir; le silence d'une noire pointée, par un soupir et un demi-soupir. Le point ne se place à côté des silences qu'à partir du demi-soupir, en continuant à l'égard de tous les silences de moindre valeur.

Lorsque trois notes d'égale valeur se trouvent réunies et surmontées du chiffre 3, elles n'équivalent entre elles trois qu'à deux notes de la même espèce. Ainsi, trois noires réunies, au-dessus desquelles est écrit le chiffre 3, ne valent que deux noires. Il en est de même pour les croches, doubles croches et autres. Cette réunion de trois notes s'appèle *triolet* ou *triade*.

Il y a des *doubles triolets*. Ce sont des groupes de six notes d'égale valeur, au-dessus desquelles est écrit le chiffre 6. Dans les morceaux de musique où il se rencontre beaucoup de triolets, il n'y a guère que les premiers qui soient surmontés du chiffre indicateur. *Voyez ex. du chap.* 5.

Chapitre VI. *De la Mesure.*

Le mot *mesure*, en musique, a plusieurs significations. On entend d'abord par mesure le partage de la *durée* en plusieurs parties égales; et l'on donne également le nom de mesure à chacune de ces parties qui sont renfermées *entre des barres verticales* tracées de distance en distance sur la portée. Ces barres sont appelées *barres de mesure* ou *de séparation*. Chaque mesure se divise encore en parties égales que l'on nomme *temps*, et que l'on marque par des mouvements égaux de la main ou du pied. La *double barre* qu'on emploie après la dernière mesure d'un morceau de musique, s'appèle *barre de terminaison*.

On distingue plusieurs espèces de mesures, qui sont indiquées par un ou plusieurs signes ou chiffres que l'on place au commencement d'un morceau de musique, immédiatement après la clef. On appèle en général mesures *binaires*, celles dont la division peut se faire en deux ou quatre parties, et mesures *ternaires*, celles dont la division ne peut se faire qu'en trois parties. Les *divisions* de mesures sont aussi binaires ou ternaires. Elles sont binaires, lorsque les temps de la mesure peuvent se diviser par deux ou par quatre; elles sont ternaires, lorsque ces temps se divisent par trois.

Entre toutes les mesures, il y en a une que l'on peut regarder comme la seule mesure simple et principale, c'est celle qui contient la ronde dans son entier. On la nomme *mesure à quatre temps*, quand elle est désignée par un 4 ou par un C, et alors on la divise en quatre parties égales; et *mesure à deux temps*, quand elle est désignée par un 2 ou un C barré, et on la partage alors en deux parties seulement. Pour remplir cette mesure, il faut ou une ronde qui vaut elle seule, comme nous venons de le dire, toute la mesure; ou deux blanches, la blanche ayant la valeur de la moitié de la mesure; ou quatre noires, chacune d'elles valant le quart de la mesure; ou huit croches, ou seize doubles croches, ou trente-deux triples croches, ou soixante-quatre quadruples croches, ou un nombre quelconque de notes inégales en valeur équivalant à la ronde.

Toutes les autres mesures tirent leur dénomination et leurs signes de cette mesure principale et de la ronde qui la remplit. Elles en dérivent et en sont composées, soit par *augmentation*, soit par *diminution* : par augmentation, lorsqu'elles contiennent plus que la ronde; par diminution, lorsqu'elles contiennent moins. On les classe en mesures *à quatre temps*, mesures *à trois temps* et mesures *à deux temps*, et on les désigne par deux chiffres placés l'un sur l'autre dont voici l'explication. Le chiffre de dessous indique en combien de parties la ronde est divisée, et le chiffre de dessus détermine combien il faut de ces parties pour composer la mesure. On voit par là qu'il faut deux noires ou l'équivalent pour remplir une mesure marquée $\frac{2}{4}$, et six croches ou l'équivalent pour une mesure désignée par $\frac{6}{8}$.

Toute mesure dont le chiffre supérieur peut se diviser par quarts, est mise au nombre des mesures à quatre temps. Les mesures à trois temps sont celles dont le chiffre supérieur étant impair peut se diviser par tiers. Enfin, les mesures à deux temps se reconnaissent lorsque le chiffre supérieur est pair, mais ne peut se diviser par quarts. Voici le tableau général de toutes les mesures :

	Mesures binaires ou à 4 temps et à 2 temps.					Mesures ternaires ou à 3 temps.			
Divisions binaires.	¢ C	$\frac{2}{1}$	$\frac{2}{2}$	$\frac{2}{4}$	$\frac{2}{8}$	$\frac{3}{1}$	$\frac{3}{2}$	$\frac{3}{4}$	$\frac{3}{8}$
Divisions ternaires.	$\frac{12}{4}$ $\frac{12}{8}$	$\frac{6}{2}$	$\frac{6}{4}$	$\frac{6}{8}$	$\frac{6}{16}$	$\frac{9}{2}$	$\frac{9}{4}$	$\frac{9}{8}$	$\frac{9}{16}$

Nous n'entrerons pas au reste dans le détail de toutes ces mesures; nous exposerons seulement les plus usitées, après la mesure à deux ou quatre temps dont nous avons déjà parlé, savoir, la mesure *à douze-huit*, la mesure *à trois-quatre*, la mesure *à deux-quatre*, la mesure *à six-huit*, et la mesure *à trois-huit*.

La mesure à douze-huit, c'est-à-dire renfermant, entre deux barres de séparation, douze notes dont il faut huit pour faire une ronde, se reconnaît aux deux chiffres $\frac{4}{2}$ placés l'un sur l'autre à côté de la clef. Elle se divise en quatre parties égales et se bat à quatre temps. Pour la remplir, il faut une ronde pointée qui vaudra les quatre temps, ou deux blanches pointées qui vaudront chacune deux temps, ou quatre noires pointées dont chaque vaudra un temps, ou quatre noires et quatre croches, et alors chaque noire accompagnée d'une croche vaudra un temps, ou douze croches dont trois vaudront un temps, ou vingt-quatre doubles croches dont six vaudront un temps, etc.

La mesure à trois-quatre, qui plus souvent est appelée mesure à trois temps, parce que des mesures qui se battent à trois temps c'est la plus en usage, se marque par $\frac{3}{4}$ ou par un 3 seulement. Elle se compose d'une blanche pointée ou d'une blanche et d'une noire, la blanche valant deux temps et la noire un temps, ou de trois noires dont chaque vaut un temps, ou de six croches dont il faut deux pour un temps, etc.

La mesure à deux-quatre, c'est-à-dire contenant deux notes dont il faut quatre pour faire une ronde, est désignée par $\frac{2}{4}$. Elle se bat à deux temps, et se compose d'une blanche, ou de deux noires, ou de quatre croches, ou de huit doubles croches, etc.

La mesure à six-huit se marque par $\frac{6}{8}$ et se bat à deux temps. C'est juste la moitié de la mesure à douze-huit. Elle se compose d'une blanche pointée, ou de deux noires pointées, ou de six croches, ou de douze doubles croches, etc.

La mesure à trois-huit marquée par $\frac{3}{8}$, se bat à trois temps, et se compose d'une noire pointée, ou d'une noire et une croche, ou de trois croches, ou de six doubles croches, etc.

Observons ici que chacune de ces mesures peut contenir des notes de différente valeur, en plus ou moins grand nombre, pourvu toutefois que la valeur totale de la mesure n'en soit point altérée. Ainsi, une mesure qui renferme la ronde, peut également renfermer une blanche et deux noires, parce que la valeur de ces trois notes est absolument la même que celle de la ronde, ou deux noires et quatre croches, ou enfin tout autre nombre de notes équivalant à la ronde. *Voyez ex. du chap.* 6.

CHAPITRE VII. *Des Temps de la mesure et des Silences de mesures.*

Des divers temps d'une mesure, il y en a de plus sensibles, de plus marqués que d'autres, quoique de valeurs égales. Le temps qui marque davantage s'appèle *temps fort*; celui qui marque moins s'appèle *temps faible*. Les temps forts sont le premier dans la mesure à deux temps; le premier et le troisième dans les mesures à trois et quatre temps. A l'égard du second temps, il est toujours faible dans toutes les mesures, et il en est de même du quatrième dans la mesure à quatre temps.

Si l'on subdivise chaque temps en deux autres parties égales, qu'on peut appeler *demi-temps*, on aura de nouveau temps fort pour la première moitié, temps faible pour la seconde, et il n'y a point de partie de temps qu'on ne puisse subdiviser de la même manière. Toute note qui commence sur le temps faible et finit sur le temps fort, est dite *note à contre-temps*.

Nous avons dit plus haut que les silences qui répondent à chaque note étaient indiqués par des signes particuliers. Il y a de même des figures pour désigner le silence des mesures. Ainsi, pour marquer le silence ou repos d'une mesure quelconque, on se sert de la *pause*. Un repos de deux mesures se marque par un signe appelé *bâton de deux pauses*; un repos de quatre mesures est indiqué par *un bâton de quatre pauses*. Lorsque le silence se prolonge pendant plus de quatre mesures, on emploie plusieurs fois les mêmes signes, et on écrit au-dessus le nombre de mesures où le silence doit s'observer. *Voyez ex. du chap. 7.*

Chapitre VIII. *Du Mouvement.*

On appèle *mouvement* le degré de vitesse ou de lenteur que l'on donne à la mesure. On peut admettre trois sortes de mouvements : les mouvements lents, les mouvements modérés et les mouvements vifs. Mais comme les mouvements lents ne sont pas tous d'une égale lenteur, ni les mouvements vifs d'une égale vitesse, on a distingué plusieurs mouvements de chaque espèce, et l'on se sert de termes italiens pour les exprimer. Nous indiquerons seulement les mouvements les plus usités, en commençant par les plus lents et en allant graduellement jusqu'aux plus vifs.

Mouvements lents....	*Largo*,	lent.
	Adagio,	posément.
	Larghetto,	un peu lent.
Mouvements modérés.	*Andante*,	moins lent.
	Andantino,	encore moins lent.

Mouvements vifs…… { *Allegretto*, un peu vif et un peu gai.
{ *Allegro* ou *all.°*, gai.
{ *Presto*, vif.
{ *Prestissimo*, très-vif.

Voyez pour les autres mouvements, la nomenclature des termes italiens, chap. 22, 1.re part.

Comme il y a souvent des nuances entre des mouvements indiqués par les mêmes mots, et que toutes ces expressions laissent toujours une espèce de vague, il pourrait arriver que l'on donnât à un morceau de musique plus ou moins de lenteur ou de vitesse qu'il n'entrait dans l'esprit du compositeur de lui en donner. Pour obvier à cet inconvénient, on se sert maintenant d'une machine, appelée *metronome*, qui a pour but d'indiquer le mouvement juste, au moyen d'un balancier dont les vibrations marquent les mesures ou les temps.

CHAPITRE IX. *Des Signes d'altération.*

Nous avons vu précédemment que les intervalles de la gamme n'étaient pas égaux, puisqu'il y en avait cinq d'un ton et deux d'un demi-ton. Chaque intervalle d'un ton peut donc être partagé en deux intervalles qui seront chacun d'un demi-ton. Ainsi entre *ut* et *ré* on peut faire entendre un son à une distance à-peu-près égale de l'*ut* ou du *ré*. Il en est de même entre *ré* et *mi*, *fa* et *sol*, *sol* et *la*, *la* et *si*. Au lieu de donner un nouveau nom à ces sons *intermédiaires*, on suppose qu'ils sont ou le son inférieur haussé d'un demi-ton, ou le son supérieur baissé d'un demi-ton, et ils conservent le nom de ce son. Par exemple, s'il s'agit du son intermédiaire entre *ut* et *ré*, on suppose que c'est ou l'*ut* haussé d'un demi-ton, et alors on le nomme *ut dièse*, ou le *ré* baissé d'un demi-ton, et dans ce cas on l'appèle *ré bémol*. *Ut* dièse et *ré* bémol ne sont pourtant pas exactement la même chose, le *ré* bémol étant un peu plus rapproché de l'*ut* que du *ré*, et l'*ut* dièse étant à son tour plus rapproché du *ré* que de l'*ut*. La même différence existe entre le *ré* dièse et le *mi* bémol, le *fa* dièse et le *sol* bémol, etc.; mais cette différence est si petite, que l'on a pris le parti de la faire évanouir sur les instruments à vent et à clavier, où il eût été trop difficile de l'exprimer. On a donné le nom de tempérament à l'opération par laquelle on confond ces deux sons en un seul, en montant tant soit peu l'un et en baissant tant soit peu l'autre de manière à égaliser autant que possible les demi-tons. Le mot *dièse*, en musique, signifie donc haussé d'un demi-ton, et celui de *bémol*, baissé d'un demi-ton. Comme les lignes et interlignes de la portée sont occupés par les notes représentatives des sons *ut*, *ré*, *mi*, *fa*, *sol*, *la*, *si*, lorsqu'on veut représenter un son intermédiaire, on a recours à des signes qu'on appelle *altératifs*, parce qu'en effet ils annoncent que la note est altérée, c'est-à-dire qu'elle représente, à l'occasion de ce signe, un son, un demi-ton plus haut ou un demi-ton plus bas. Ces signes portent aussi le nom de *dièse* et de *bémol*.

Le dièse placé à côté de la clef indique que toutes les notes qui se trouvent sur la même ligne expriment des sons d'un demi-ton plus haut ; on dit alors qu'elles sont *dièses* ou *diésées*. Le bémol placé à côté de la clef indique que toutes les notes qui se trouvent sur la même ligne expriment des sons d'un demi-ton plus bas ; on dit alors qu'elles sont *bémolisées*.

Les dièses et bémols, lorsqu'ils sont *accidentels*, c'est-à-dire lorsqu'ils ne sont point à côté de la clef et qu'ils ne se trouvent que dans quelques mesures, ne haussent ou ne baissent d'un demi-ton que les notes placées dans la même mesure et après eux.

Toute note élevée d'un demi-ton peut encore être haussée d'un demi-ton, par le moyen du *double dièse* ; comme aussi toute note baissée d'un demi-ton peut être baissée d'un autre demi-ton, par le moyen du *double bémol*.

Pour détruire l'effet du dièse ou du bémol, on se sert d'un autre signe appelé *bécarre*. Placé devant une note qui était diésée ou bémolisée, il indique que cette note ne l'est plus : aussi dit-on du bécarre qu'il remet la note dans son ton *naturel*. Voyez ex. du chap. 9.

CHAPITRE X. *Du Degré et de l'Intervalle.*

Chaque note de la gamme, comme nous l'avons dit plus haut, occupe un degré de la gamme ou de l'échelle ; et de même que les notes représentent les sons, on peut dire que les lignes et interlignes de la portée représentent les degrés. Le mot degré doit donc s'entendre du lieu même qu'occupe la note, de la position extérieure plus ou moins élevée où elle se trouve sur la portée. L'intervalle s'entend de la différence d'un son à un autre son. Deux notes peuvent être placées sur le même degré, et cependant ne pas représenter le même son; ce qui arrive, lorsque l'une d'elles est haussée d'un demi-ton par le dièse ou baissée d'un demi-ton par le bémol. Exemple : *fa*, *fa dièse; si*, *si bémol*. Deux notes peuvent former entre elles un intervalle différent de celui qui sera formé par deux autres notes placées sur les mêmes dégrés. Exemple : *ut*, *mi* forment un intervalle de deux tons, et sont pourtant écrites sur les mêmes degrés que *la*, *ut* qui ne forment qu'un intervalle d'un ton et demi.

Il y a deux sortes de degrés : les degrés *conjoints* et les degrés *disjoints* ou *séparés*. Les degrés conjoints existent lorsque les notes se suivent diatoniquement, de sorte que l'une étant sur une ligne, l'autre soit dans l'interligne le plus voisin. Tous les autres degrés sont des degrés disjoints. *Voyez ex. du ch*. 10.

CHAPITRE XI. *Des Intervalles et de leur renversement.*

On compte sept intervalles. Ils portent les noms de *seconde, tierce, quarte, quinte, sixte, septième* et *octave*. Ces intervalles ont le titre de *simples*, parce qu'ils sont contenus dans l'étendue d'une gamme. Les intervalles dits *redoublés* sont ceux qui se composent de plus d'une octave. Ils portent les noms de *neuvième, dixième, onzième, douzième, treizième, quatorzième, quinzième* ou *double octave*, etc. Les intervalles redoublés sont absolument les mêmes que les intervalles simples, puisque les deux notes qui composent chacun d'eux portent les mêmes noms, et que la seule chose qui les distingue consiste dans la distance de l'une de ces notes, laquelle, dans les intervalles composés, se trouve d'une octave au-delà de la même note dans les intervalles simples. Ainsi la neuvième n'est qu'une seconde à l'octave, la dixième une tierce à l'octave, etc.

Il n'y a donc véritablement que sept intervalles qui sont à partir de la seconde jusqu'à l'octave, parce que tous ceux qui dépassent cette limite ne sont que le redoublement des intervalles simples. En conséquence, nous n'expliquerons que les intervalles simples, ce que nous en dirons pouvant s'appliquer aux intervalles redoublés.

L'intervalle prend son nom de la quantité de notes qu'il contient, ou, ce qui revient au même, du nombre de degrés qu'il renferme. Ainsi l'intervalle de seconde est appelé ainsi, parce qu'il renferme deux degrés, comme *ut ré*. C'est le seul intervalle où les degrés soient conjoints. L'intervalle de tierce renferme trois degrés, comme *ut–mi*. L'intervalle de quarte renferme quatre degrés, comme *ut––fa*. L'intervalle de quinte renferme cinq degrés, comme *ut–––sol*. L'intervalle de sixte renferme six degrés, comme *ut––––la*. L'intervalle de septième renferme sept degrés, comme *ut–––––si*. L'intervalle d'octave renferme huit degrés, comme *ut––––––ut*. Lorsque deux notes sont au même degré, sans être séparées par un intervalle, elles forment ce qu'on appèle un *unisson*. On compte les intervalles du grave à l'aigu.

Un intervalle peut, en comprenant toujours le même nombre de degrés, et par conséquent en conservant les mêmes notes, être de genres très–différents, soit à cause de sa position dans l'échelle, soit à cause des altérations que peuvent éprouver les notes qui le composent. Ainsi les intervalles se distingueront en *majeurs*, *mineurs*, *justes* ou *inaltérés*, *superflus* ou *augmentés*, et *diminués*. Nous allons en faire l'énumération, et dire en même temps de combien de tons ou de demi–tons chaque intervalle se compose. Nous ne parlerons pas de l'intervalle *enharmonique*, parce qu'il n'est pas en usage.

TABLEAU DES INTERVALLES.

Interv..	*genre.*	*composés de*	*Exemples.*	
	majeure	1 ton	ut	ré.
SECONDE	mineure	1 demi-ton	ut	ré bémol.
	augmentée	1 ton et demi	ut	ré dièse.
	majeure	2 tons	ut	mi.
TIERCE	mineure	1 ton et demi	ut	mi bémol.
	diminuée	2 demi-tons	ut dièse,	mi bémol.
	juste ou *inaltérée*	2 tons et demi	ut	fa.
QUARTE	augm. ou *triton*	3 tons	ut	fa dièse.
	diminuée	1 ton et 2 demi-tons	ut dièse,	fa.
	juste ou *inaltérée*	3 tons et demi	ut	sol.
QUINTE	augmentée	3 tons et 2 demi-tons	ut	sol dièse.
	diminuée	2 tons et 2 demi-tons	ut dièse,	sol.

Sixte	majeure	4 tons et demi	ut	la.
	mineure	3 tons et 2 demi-tons	ut	la bémol.
	augmentée	4 tons et 2 demi-tons	ut	la dièse.
Septième	majeure	5 tons et demi	ut	si.
	mineure	4 tons et 2 demi-tons	ut	si bémol.
	diminuée	3 tons et 3 demi-tons	ut dièse,	si bémol.
Octave	juste ou inaltérée	5 tons et 2 demi-tons	ut	ut.
	augmentée	5 tons et 3 demi-tons	ut	ut dièse.
	diminuée	4 tons et 3 demi-tons	ut dièse,	ut.

Un intervalle est, comme on le voit, formé par deux sons, l'un plus grave, l'autre plus aigu. Si l'on déplace le son grave en le transposant à l'octave au-dessus, ou le son aigu en le plaçant à l'octave au-dessous, l'intervalle sera *renversé*. Le *renversement* d'un intervalle change nécessairement cet intervalle. Ainsi,

Une seconde majeure renversée devient septième mineure.
Une seconde mineure. . . . . septième majeure.
Une seconde augmentée. . . . . septième diminuée.
Une tierce majeure. . . . . sixte mineure.
Une tierce mineure. . . . . sixte majeure.
Une tierce diminuée. . . . . sixte augmentée.
Une quarte juste. . . . . quinte juste.
Une quarte augmentée. . . . . quinte diminuée.
Une quarte diminuée. . . . . quinte augmentée.
Une quinte juste. . . . . quarte juste.
Une quinte augmentée. . . . . quarte diminuée.
Une quinte diminuée. . . . . quarte augmentée.
Une sixte majeure. . . . . tierce mineure.
Une sixte mineure. . . . . tierce majeure.
Une sixte augmentée. . . . . tierce diminuée.
Une septième majeure. . . . . seconde mineure.
Une septième mineure. . . . . seconde majeure.
Une septième diminuée. . . . . seconde augmentée.
Une octave juste. . . . . unisson.
Une octave augmentée. . . . . unisson augmenté.
Une octave diminuée. . . . . unisson diminué.

Voyez ex. du chap. 11.

CHAPITRE XII. *Des Consonnances et des Dissonnances.*

Parmi les intervalles, on en distingue de *consonnants* et de *dissonnants*. Les intervalles consonnants sont la tierce, la quinte, la sixte et l'octave. On divise les consonnances en *parfaites* et en *imparfaites*. Les consonnances parfaites, ainsi nommées parce qu'elles ne peuvent être altérées sans cesser d'être consonnantes, sont la quinte et l'octave. Les consonnances imparfaites, ainsi nommées parce qu'elles peuvent être majeures ou mineures sans cesser d'être consonnantes, sont la tierce et la sixte. Quant à la quarte, elle est regardée comme dissonnance contre la basse, et comme consonnance entre les parties intermédiaires et supérieures.

Tous les autres intervalles, tels que ceux de seconde, septième, tierce diminuée, etc., sont dissonnants. *Voyez ex. du chap. 12.*

CHAPITRE XIII. *Des diverses Gammes et de la Position des Dièses et des Bémols.*

Jusqu'ici nous n'avons parlé que de la gamme qui commence par *ut*. On peut faire également une gamme en commençant par n'importe quel autre son, même par un son intermédiaire, comme *ut* dièse ou *ré* bémol, pourvu que l'ordre des tons et des demi-tons soit le même que dans la gamme commençant par *ut*, c'est-à-dire, qu'il y ait deux tons d'abord, puis un demi-ton, trois tons ensuite et enfin un demi-ton. Une gamme peut donc commencer par *ré*, *mi*, *mi* bémol ou *fa* dièse; mais alors, pour que l'ordre des tons et des demi-tons soit le même que dans la gamme commençant par *ut*, on est obligé d'avoir recours à un nombre plus ou moins grand de sons intermédiaires, que l'on indique, comme nous l'avons déjà dit, en plaçant à la clef un dièse ou un bémol sur chaque ligne où doit se trouver la note que l'on a besoin de hausser ou de baisser. Ainsi dans la gamme commençant par *ré*, il faut nécessairement deux dièses à la clef, un pour le *fa* et un autre pour l'*ut*; sans cela les deux demi-tons, au lieu d'être du troisième au quatrième degré et du septième au huitième, se trouveraient du second au troisième et du sixième au septième. Dans la gamme commençant par *fa*, il faut nécessairement un bémol pour le *si*; autrement, il y aurait trois tons d'abord dans la gamme, au lieu de deux tons et un demi-ton.

Il y a donc souvent nécessité de mettre à la clef des dièses ou des bémols, et voici l'ordre dans lequel ils doivent être placés. Les dièses se posent de quinte en quinte, ou de cinq degrés en cinq degrés en montant. Le premier se pose sur le *fa*, le second sur l'*ut*, le troisième sur le *sol*, le quatrième sur le *ré*, le cinquième sur le *la*, le sixième sur le *mi*, le septième sur le *si*, le huitième sur le *fa*, et comme le *fa* est déjà dièse, c'est le cas du double dièse dont nous avons parlé ci-dessus. On pourrait continuer en montant de quinte en quinte, à placer des doubles dièses.

Les bémols se posent de quinte en quinte en descendant. Le premier se pose sur le *si*, le second sur le *mi*, le troisième sur le *la*, le quatrième sur le *ré*, le cinquième sur le *sol*, le sixième sur l'*ut*, le septième sur le *fa*, le huitième sur le *si* déjà bémolisé; c'est le cas du double bémol.

Observons ici qu'il n'y a que le premier dièse ou le premier bémol qui puisse paraître seul à la clef; que le second ne s'emploie pas sans le premier, le troisième sans le premier et le second, le quatrième sans les trois premiers, et ainsi de suite. Lorsqu'il y a plusieurs dièses ou bémols à la clef, c'est toujours le dernier qui détermine le ton, comme on le verra bientôt. *Voyez ex. du ch.* 13.

CHAPITRE XIV. *Du mot* Ton *et de ses différentes significations.*

Nous avons dit ci-dessus que le *ton* était l'intervalle qui, dans la gamme, existe de l'*ut* au *ré*, du *ré* au *mi*, etc.; mais ce mot a encore deux significations. Premièrement, on entend par *ton* le degré d'élévation que prennent les voix, ou sur lequel sont montés les instruments; et l'on dit en ce sens que le *ton* de tel ou tel instrument est trop haut ou trop bas.

Secondement, le *ton* se prend pour la note ou corde principale sur laquelle un chant est établi, et cette corde principale se nomme *tonique* ou *note du ton*. Dans ce sens on dit la gamme du ton d'*ut* ou en *ut*, la gamme du ton de *ré* ou en *ré*, du ton de *mi* bémol ou en *mi* bémol, donnant ainsi à chaque gamme le nom de la note par laquelle elle commence. A cet égard, les notes qui composent la gamme prennent une dénomination particulière. La première, qui est la note fondamentale du ton, reçoit, comme on vient de le dire, le nom de *tonique*. La seconde est appelée *sus-tonique*; la troisième, *médiante*; la quatrième, *sous-dominante*; la cinquième, *dominante*; la sixième, *sus-dominante*; la septième, *note sensible*, et la huitième, *octave de la tonique*.

On a donné le nom de *médiante* à la troisième, parce qu'elle partage en deux tierces l'intervalle de quinte qui se trouve entre la tonique et la dominante, et qu'elle en occupe à peu-près le milieu. C'est elle aussi qui décide du mode, comme nous le verrons bientôt. La cinquième est appelée *dominante*, parce qu'elle domine toujours, et qu'elle contribue à déterminer le ton d'un morceau de musique. La septième reçoit le nom de *note sensible*, parce qu'elle fait sentir le ton. Le caractère de cette note est tel qu'elle ne permet pas à l'oreille de s'y reposer comme sur les autres notes de la gamme, et qu'elle demande toujours à monter vers la note principale ou tonique dont elle n'est distante que d'un demi-ton, et dont elle est le plus sûr indice. *Voyez ex. du chap.* 14.

Chapitre XV. *Des Modes et de la Modulation.*

On appèle *mode* le caractère affecté au ton, ou, si l'on veut, la manière d'être du ton. Ce mot indique une certaine disposition que les sons peuvent avoir par rapport au son fondamental appelé *tonique*. C'est de la place occupée par les demi-tons dans l'échelle que dépend le mode. Les anciens en admettaient un assez grand nombre; les modernes n'en ont que deux, le mode *majeur* et le mode *mineur*. La gamme dont nous nous sommes occupés jusqu'ici, est celle dans le mode majeur; la gamme dans le mode mineur se fait différemment. Elle renferme, aussi bien que la gamme en mode majeur, cinq tons et deux demi-tons; mais dans la gamme mineure les demi-tons n'occupent pas la même place que dans la gamme majeure. Nous avons déjà vu comment les demi-tons étaient disposés dans celle-ci; ils s'y trouvent du troisième au quatrième degré et du septième au huitième. Dans la gamme mineure, en montant, les demi-tons sont ordinairement du second au troisième degré et du septième au huitième, et en descendant du sixième au cinquième et du troisième au second. Il y a une autre manière de faire la gamme mineure. On la trouvera parmi les exemples de ce chapitre.

Au reste, on reconnaîtra facilement une gamme majeure d'avec une gamme mineure, au moyen de la médiante ou troisième note. Toute gamme renfermant deux tons de la première note à la troisième, comme *ut mi*, est en mode majeur. Si, au contraire, de la première note à la troisième il n'y a qu'un ton et demi, comme *la ut*, la gamme est mineure.

Les cinq tons de la gamme pouvant, au moyen des dièses et des bémols, être partagés en demi-tons, donneront dix demi-tons; ce qui, joint aux deux demi-tons naturels, fera douze cordes ou sons différents, dont chacun pourra servir de fondement à un ton, c'est-à-dire, en devenir la tonique ou note principale. Voilà donc déjà douze tons, et comme chaque ton peut être en mode majeur ou en mode mineur, ce sont vingt-quatre *modulations*, dont notre musique est susceptible sur ces douze tons. L'application du mode majeur ou du mode mineur à chaque ton est, comme on le voit, ce qui constitue la *modulation*.

On entend aussi par *modulation* l'art de conduire l'harmonie et le chant successivement dans plusieurs modes. A cet égard, il y a deux manières de moduler : l'une qui ne sort point du ton et du mode établis, et qui consiste à parcourir tous les tons de la gamme avec un chant agréable, et en ramenant plus souvent les trois sons principaux, la tonique, la dominante et la sous-dominante; l'autre qui passe tour-à-tour dans d'autres tons et dans d'autres modes, au moyen des altérations. *Voyez ex. du chap.* 15.

CHAPITRE XVI. *Du Mode majeur et de son relatif mineur.*

Tout mode majeur a son *relatif* mineur et réciproquement. Ce dernier se prend toujours à la tierce mineure au-dessous du premier. On appèle relatif un ton qui a des rapports intimes avec un autre ton. Or, il y en a beaucoup entre le mode majeur et son mineur relatif, et cette relation est indiquée par la clef qui, dans les deux tons, est également sans bémol ou sans dièse, ou en présente le même nombre.

Le mode majeur et son relatif mineur ont aussi deux notes de l'*accord parfait* qui leur sont communes. On entend par *accord parfait* l'union de trois notes, qui forment entre elles un accord extrèmement agréable à l'oreille, et que pour cette raison on nomme parfait. Ces trois notes sont la tonique, la médiante et la dominante. L'accord parfait est ou majeur ou mineur : majeur, si de la tonique à la médiante il y a deux tons, et un ton et demi seulement de la médiante à la dominante; mineur, si de la tonique à la médiante il n'y a qu'un ton et demi, et deux tons de la médiante à la dominante.

Les deux notes de l'accord parfait communes au majeur et au mineur, sont la tonique et la médiante du mode majeur, lesquelles deviennent médiante et dominante du mode mineur. Nous en donnerons un exemple tiré du ton d'*ut*, modèle de tous les tons majeurs, et du ton de *la*, modèle de tous les tons mineurs. Les trois notes de l'accord parfait du ton d'*ut* majeur sont *ut mi sol*; les trois notes de l'accord parfait du ton de *la* mineur sont *la ut mi*. D'où il est facile de voir que *ut* tonique et *mi* médiante du ton d'*ut* majeur, deviennent *ut* médiante et *mi* dominante du ton de *la* mineur.

On voit aussi que *sol*, qui est la dominante du ton d'*ut* majeur, devient la note sensible du ton de *la* mineur; car c'est une règle générale que la dominante ou quinte d'un ton majeur quelconque est toujours la note sensible du ton mineur qui lui est relatif. Mais souvent alors elle se trouve altérée par un dièse ou par un bécarre. *Voyez ex. du ch. 16.*

Chapitre XVII. *De la Détermination du ton par les Dièses ou les Bémols.*

Quand il n'y a ni dièse ni bémol à la clef, on est en *ut* majeur ou en *la* mineur.

La gamme d'*ut* est dite *naturelle* ou *primordiale* du ton majeur, la gamme de *la* est *naturelle* ou *primordiale* du ton mineur. Ces deux gammes servent de modèles à toutes les autres, et les suivantes ne sont autre chose que ces deux gammes commencées par un son plus élevé ou plus bas.

Avec un dièse à la clef, *sol* majeur ou *mi* mineur.
Avec deux dièses ————— *ré* majeur — ou *si* mineur.
Avec trois dièses ————— *la* majeur — ou *fa* dièse mineur.
Avec quatre dièses ————— *mi* majeur — ou *ut* dièse mineur.
Avec cinq dièses ————— *si* majeur — ou *sol* dièse mineur.
Avec six dièses ————— *fa* dièse majeur — ou *ré* dièse mineur.
Avec sept dièses ————— *ut* dièse majeur — ou *la* dièse mineur.
Avec huit dièses ————— *sol* dièse majeur — ou *mi* dièse mineur.
Avec un bémol ————— *fa* majeur — ou *ré* mineur.
Avec deux bémols ————— *si* bémol majeur — ou *sol* mineur.
Avec trois bémols ————— *mi* bémol majeur — ou *ut* mineur.
Avec quatre bémols ————— *la* bémol majeur — ou *fa* mineur.
Avec cinq bémols ————— *ré* bémol majeur — ou *si* bémol mineur.
Avec six bémols ————— *sol* bémol majeur — ou *mi* bémol mineur.
Avec sept bémols ————— *ut* bémol majeur — ou *la* bémol mineur.
Avec huit bémols ————— *fa* bémol majeur — ou *ré* bémol mineur.

Lorsqu'il y a un ou plusieurs dièses à la clef, la tonique du ton majeur se prend au second degré au-dessus du dernier dièse, et la tonique du ton mineur au second degré au-dessous. Lorsqu'il y a un ou plusieurs bémols à la clef, la tonique du ton majeur se prend au quatrième degré au-dessous du dernier bémol, et la tonique du ton mineur au sixième degré au-dessous. Par exemple, s'il y a trois dièses à la clef, le dernier est sur le *sol*. Or, la note qui se trouve au second degré au-dessus est *la* ; par conséquent la tonique, si le ton est majeur, sera *la*, et si le ton est mineur, la tonique sera *fa* dièse, lequel se trouve au second degré au-dessous du *sol* dièse.

Supposons maintenant deux bémols à la clef : le dernier étant sur le *mi*, la tonique, si le ton est majeur, sera *si* bémol, qui se trouve au quatrième degré au-dessous de *mi* bémol ; ou, si le ton est mineur, la tonique sera *sol*, qui se trouve au sixième degré au-dessous de *mi* bémol.

Il faut bien remarquer que, pour rendre majeur un ton mineur, on doit, s'il y a des dièses à la clef, ou s'il n'y a ni dièse ni bémol, ajouter trois dièses à la clef. S'il y a trois bémols ou plus, vous retranchez trois bémols ; s'il y a deux bémols, vous les retranchez et mettez un dièse à la clef ; s'il n'y en a qu'un, vous le remplacez par deux dièses.

Si c'est un ton majeur que vous voulez rendre mineur, et qu'il y ait des bémols à la clef, ou qu'il n'y ait ni dièse ni bémol, vous ajoutez trois bémols à la clef. S'il y a trois dièses ou plus, vous retranchez trois dièses ; s'il y en a deux, vous les retranchez et mettez un bémol à la clef ; s'il n'y en a qu'un, vous le remplacez par deux bémols.

D'après un usage ancien, on désigne souvent les tons par les lettres a, b, c, d, e, f, g ; a signifie *la* ou ton de *la*, b signifie *si*, c *ut*, d *ré*, e *mi*, f *fa* et g *sol*. Le mot italien *in*, qui en français veut dire *en*, précède ordinairement chacune de ces lettres. *In a*, *in b* signifient en *la*, en *si*, etc. *Voyez ex. du ch.* 17.

Chapitre XVIII. *Des moyens de distinguer un Ton majeur d'avec son Mineur relatif.*

Pour distinguer un ton majeur d'avec son mineur relatif, et par conséquent pour connaître la tonique, on emploie deux moyens principaux. Ces moyens servent aussi à faire reconnaître dans quels tons et quels modes un morceau de musique passe en modulant.

Le premier moyen consiste à supposer un instant que le ton est majeur, en prenant d'abord la tonique au second degré au-dessus du dernier dièse, ou au quatrième degré au-dessous du dernier bémol, selon qu'il y a des dièses ou des bémols à la clef. On se demande alors quelle est la dominante ou quinte, et l'on examine si cette quinte est altérée par un dièse ou par un bécarre dans la première phrase de chant. Si la quinte reste inaltérée, il faut s'en tenir au mode majeur. Dans le cas contraire, le mode est mineur, puisque ce dièse accidentel ou ce bécarre est propre à former la note sensible du ton relatif mineur, et ne convient nullement au ton majeur pour lequel ce qui se trouve à la clef est toujours suffisant.

Ainsi, par exemple, s'il y a deux dièses à la clef, le dernier étant nécessairement *ut*, on supposera être en *ré* majeur; mais si le *la*, qui est la quinte du ton de *ré*, est altéré par un dièse dans les premières mesures, il faudra en conclure qu'on est en *si* mineur, dont *la* dièse est la note sensible.

S'il y a trois bémols à la clef, le dernier étant nécessairement *la*, on descend au quatrième degré au-dessous pour trouver la tonique du ton majeur, et l'on a *mi* bémol majeur, dans lequel on suppose être d'abord. Mais dans le cas où le *si* bémol, qui est propre à former la dominante du ton majeur supposé, serait détruit par un bécarre dans les premières mesures et porté au *si* naturel, note sensible du ton d'*ut* mineur, on n'aurait aucun doute sur la présence de ce dernier mode.

Lorsqu'il n'y a rien à la clef, on est, comme on l'a déjà dit, en *ut* majeur ou en *la* mineur. On est en *ut* majeur, si, dans la première phrase de chant, la quinte d'*ut*, qui est *sol*, reste naturelle. Mais si le *sol* est affecté d'un dièse, il ne peut plus être dominante d'*ut* majeur, et par conséquent il devient note sensible du ton de *la* mineur.

Le second moyen est celui que procure la connaissance des accords parfaits. On y a recours lorsque le premier ne peut être employé, c'est-à-dire lorsque la note qui peut être dominante ou sensible, suivant qu'elle est affectée ou non de signes accidentels, ne se rencontre pas dans la première phrase de chant.

Nous avons déjà dit que l'accord parfait résultait de l'union de trois notes, qui sont la tonique, la tierce ou médiante, et la quinte ou dominante. Chaque morceau de musique commence toujours par une de ces trois notes de l'accord parfait. Les deux premières notes de l'accord parfait majeur étant les mêmes que les deux dernières de l'accord parfait mineur relatif, le mode majeur n'est déterminé par la première note, qu'autant que cette première note est la dominante, qui seule n'est pas comprise dans l'accord parfait mineur relatif; et réciproquement, le mode mineur n'est déterminé par la première note, qu'autant que celle-ci en est la tonique, qui seule n'est pas comprise dans l'accord parfait de son majeur relatif. Ainsi, lorsqu'un morceau de musique commence par une des deux notes qui sont communes au majeur et au mineur, et que la note qui peut être dominante ou sensible ne paraît pas ou paraît trop tard et lorsque le ton a déjà changé, il ne reste qu'à recourir ou sens musical, c'est-à-dire aux repos qui peuvent exister sur différents degrés. Mais, pour employer ce moyen, il faut avoir ce qu'on appèle l'oreille formée et pouvoir faire un prélude, ou tout au moins une gamme dans le mode cherché, et lui comparer la première phrase de chant.

Il est bon d'éclaircir ceci par un exemple. Supposons un morceau de musique où il n'y ait rien à la clef. Je veux savoir s'il est en *ut* majeur ou en *la* mineur, et je ne puis m'en assurer par le premier moyen; car le *sol* qui est la dominante du ton d'*ut* ou la note sensible du ton de *la*, suivant qu'il est altéré ou non par un dièse, ne paraît point. Si le morceau commence par un *sol*, je suis sûr d'être en *ut*, parce que *sol* n'est pas une des notes de l'accord parfait du ton de *la* mineur; et s'il commence par un *la*, je suis sûr d'être en *la*, parce que *la* n'est pas une des notes de l'accord parfait du ton d'*ut* majeur. Mais s'il commence par un *ut* on un *mi*, comme ces deux notes sont communes au majeur et au mineur, je ne puis m'assurer du ton qu'en examinant le sens musical. Pour cela je fais un prélude ou une gamme en *ut*, et je lui compare le morceau de musique dont je veux connaître le ton; et s'il y a du rapport entre ce prélude ou cette gamme et le morceau de musique comparé, je conclus qu'il est en *ut* majeur. Au cas contraire, je fais une gamme ou un prélude en *la*; et y trouvant du rapport avec le morceau de musique, je conclus qu'il est en *la* mineur.

Lorsque le morceau de musique est à plusieurs parties, on peut aussi consulter la partie de basse qui, presque toujours, commence ou finit par la tonique. Et remarquons en passant qu'un morceau de musique bien composé, doit finir dans le même ton qu'il a commencé.

Chapitre XIX. *Des Demi-Tons.*

On distingue deux sortes de *demi-tons*, le *demi-ton diatonique* ou *majeur* et le *demi-ton chromatique* ou *mineur*. Le demi-ton diatonique se reconnaît lorsque les deux notes qui le forment sont placées, l'une sur une ligne et l'autre dans l'interligne le plus prochain, comme, par exemple, *si ut*. *ré mi* bémol, *fa* dièse *sol*.

Le demi-ton chromatique existe d'une note à la même note subissant une altération, comme *ut ut* dièse, *mi mi* bémol. Cependant on nomme chromatique toute succession de demi-tons.

Le demi-ton diatonique n'a pris le nom de majeur que parce que les deux notes qui le produisent occupent deux degrés, et forment par-là même une distance plus grande à l'œil que celle qui est formée par les deux notes occupant le même degré, et d'où résulte le demi-ton chromatique. Dans la réalité cependant, celui-ci est plus fort que le demi-ton diatonique. *Voyez ex. du ch.* 19.

Chapitre XX. *Des Genres diatonique, chromatique et enharmonique.*

Il y a trois *genres* dans la musique : le *diatonique*, le *chromatique* et l'*enharmonique*.

Le *genre diatonique* procède par tons et par demi-tons naturels, c'est-à-dire, sans altération. Ainsi, les deux demi-tons qui se trouvent dans les gammes dont nous avons donné précédemment la composition, sont du genre diatonique.

Le *genre chromatique* ne procède que par demi-tons. Ainsi, une gamme qui monte ou qui descend par demi-tons, se nomme gamme chromatique. Le plus ordinairement, on emploie en montant le chromatique par dièses, et en descendant le chromatique par bémols. Cependant, on peut l'employer des deux manières, soit en montant soit en descendant.

Le *genre enharmonique* consiste dans la substitution d'une note à la place d'une autre note, dont elle est supposée rendre absolument le même son. Par exemple, d'*ut* à *ut* dièse il y a un demi-ton, et d'*ut* à *ré bémol* on compte également un demi-ton. Ces deux notes ont donc à-peu-près la même intonation. Ainsi, que l'on substitue un *ut* dièse à un *ré* bémol, ou un *ré* bémol à un *ut* dièse, ces deux notes, quoique changeant de nom, ne changent pas sensiblement d'intonation. Le passage d'une de ces notes à l'autre s'appèle *enharmonie*. *Voyez ex. du ch.* 20.

Chapitre XXI. *Des divers Signes que l'on rencontre dans la musique.*

Tout ce que l'on a dit jusqu'à présent ne se rapporte qu'à

l'intonation et à la durée des sons. Il reste à faire connaître les autres signes que l'on rencontre le plus fréquemment dans la musique, et parmi lesquels plusieurs servent à indiquer l'intensité et les autres nuances des sons.

La *liaison* est un trait recourbé qui lie plusieurs notes ensemble. Ces notes ainsi liées se font d'un seul coup d'archet ou de gosier.

La *syncope* est le prolongement sur le temps fort d'une note commencée sur le temps faible. Deux notes d'égale valeur et sur le même degré forment aussi une syncope, au moyen de la liaison. Si la valeur des deux notes qui forment la syncope est moindre d'un côté, on a une *syncope brisée*. La syncope est aussi appelée quelquefois *ligature*.

On donne vulgairement le nom de *point d'orgue*, sans distinction, à un point placé au centre d'un trait recourbé. Ce signe se rencontre posé sur toutes les valeurs de notes ou de silence, et communément il en prolonge la durée à la volonté de l'exécutant. Mais comme aussi très-souvent on lui donne une autre signification, il est nécessaire de faire connaître les différents cas où ce signe changeant d'expression reçoit une dénomination nouvelle.

On l'appelle *point d'orgue* ou *point de repos*, lorsqu'étant placé sur une note il permet de s'y reposer, mais non d'y ajouter aucun ornement. Il porte encore le même nom lorsqu'il admet quelques agréments sur la note. On l'appèle *point d'arrêt* ou *de suspension*, lorsque la note couronnée ne doit point être soutenue et qu'on doit l'abandonner de suite. Enfin, on l'appèle *point d'orgue* ou *point final*, lorsque le chanteur peut exécuter sur la note couronnée tous les traits qu'il lui plaît de faire : c'est ce que les Italiens nomment *cadenza*.

Lorsque le point est placé au-dessus ou au-dessous de la tête d'une note sans le trait recourbé, il annonce que cette note doit être *piquée* ou *détachée*.

On nomme *reprise* deux barres que l'on place en travers de la portée, soit à la fin soit entre les différentes parties d'un morceau de musique. Si à côté de ces deux barres se trouvent deux points, ils indiquent que la partie placée du côté de ces points doit se répéter deux fois.

Le *renvoi* est un signe que l'on met ordinairement à la fin d'une reprise ou d'un morceau de musique, pour indiquer qu'il faut revenir au commencement. Au reste, ce signe renvoie à un autre signe semblable.

Le *guidon* est un petit signe qui se met ordinairement à la fin de chaque portée, sur la ligne où se trouve la note qui commence la portée suivante. Si cette note est soumise accidentellement à un signe d'altération, le guidon doit être précédé du même signe.

Deux signes servent encore, l'un pour annoncer qu'il faut augmenter le son, et l'autre qu'il faut l'affaiblir. On les nomme signes de *renforcement* et d'*affaiblissement*.

Le chant a différents agréments, savoir : 1.º la *petite note simple* ou *l'appogiature*, en italien *appogiatura*, et la *petite note double*, ainsi appelées parce qu'elles sont d'une figure plus petite que les autres. Elles ne se nomment pas en solfiant ; on les fait seulement sentir ou entendre en onnuant la note avec laquelle elles sont liées.

2.º Le *trille*, appelé aussi improprement *cadence*. Il consiste dans le battement alternatif de la note sur laquelle il est placé, avec une autre note un degré au-dessus. On le marque par les deux lettres *tr*.

3.º Le *mordant*, appelé par les Italiens *mordente*. C'est un trille qui ne s'achève pas.

4.º Le *grupetto*, mot italien qui veut dire groupe. C'est un agrément composé de trois petites notes, dont deux sont empruntées, l'une au-dessus l'autre au-dessous de la note sur laquelle il se fait. On le pratique en montant et en descendant, avant et après la note surmontée du signe qui l'indique.

L'abréviation consiste dans la manière de représenter plusieurs notes par une seule. Il y a une infinité de ces abréviations qu'on apprend par l'usage, et dont nous ne donnerons pas d'exemples, attendu qu'on ne les emploie que dans la musique instrumentale, la musique vocale n'en admettant point. *Voy. ex. du chap.* 21.

CHAPITRE XXII. *Nomenclature des termes italiens les plus usités en musique, avec leurs abréviations et leur signification française.*

A mezza voce, à demi-voix.

A piacere, en latin *ad libitum*, ad lib. à volonté. Ralentir ou presser, selon l'expression qu'on veut donner.

A tempo, mesuré. C'est pour annoncer la reprise du mouvement.

Affectuoso, affectueux, avec une expression douce et mélancolique.

Affretandosi, affret. en pressant. Presser le mouvement du passage indiqué.

Agitato, agité.

Al segno, au renvoi.

Alla breve, mouvement rapide, dans la musique d'Eglise, d'une mesure à deux temps composée d'une ou de deux rondes.

Alla palestrina, style dans le genre de celui de Palestrina, nommé, à juste titre, prince de la musique d'église.

Amabile, doux, gràcieux.

Amoroso, tendre et gràcieux.

Arco, archet. Ce mot indique qu'il faut jouer avec l'archet.

Arpeggio, arpegge. Manière de faire entendre successivement les notes d'un accord, surtout sur les instruments à archet.

Assai, beaucoup.

Attaca subito, attaquer de suite, commencer de suite le morceau suivant.

Brillante, brillant.

Calando, cal. en diminuant et ralentissant graduellement le son et le mouvement.

Cantabile, mélodieux. De la douceur et surtout de la simplicité.

Coda, queue ou terminaison.

Col canto, c. c.   } avec la partie chantante.
Colla parte,   }

Con anima, *con animo*, avec ame.

Con brio, avec une gaité vive.

Con comodo, avec aisance, sans se presser.

Con espressione, con espres. avec expression.

Con fuoco, avec feu.

Con moto, avec mouvement.

Con spirito, avec vivacité.

Crescendo, cres. en renforçant graduellement le son.

Da capo, d. c. recommencer.

Decrescendo, decres. } en affaiblissant graduellement le son
Diminuendo, dimin. }

Dolce, dol. doux et gràcieux.

Dolcissimo, dolcis. très-doux et très-gràcieux.
Duetto ou *duo*, composition musicale à deux parties.
Expressivo, expressif.
Fine, fin.
Flebile, fleb. plaintif.
Forte, f. fort.
Fortissimo, ff. ou f.^mo très-fort.
Forzando, forsz. en renforçant une note.
Grave, grave et lent.
Grazioso, gràcieux.
Lamentabile, lament. lamentable.
Legato, lié.
Legiermente, légèrement.
Lento, lentement.
Loco, en place.
Ma non tanto, pas tant.
Ma non troppo, pas trop.
Maestoso, majestueux.
Maggiore, majeur.
Meno, moins.
Mesto, sombre.
Mezzo forte, mez. f. à demi-fort.
Mezzo piano, mez. p. à demi-faible.
Minore, mineur.
Moderato, modéré.
Molto, beaucoup.
Morendo, moren. en amoindrissant peu-à-peu le son.
Nobile, noble.
Octava, 8.^a, *all.* 8.^a, octave.
Perdendosi, en affaiblissant le son.
Piano, p. faible.
Pianissimo, pp. très-faible.
Piu, plus. *Piu forte*, plus fort. *Piu piano*, plus faible.
Piu tosto, plus tôt. *Piu mosso*, plus animé.
Pizzicato, piz., pincé, ce mot indique, qu'au lieu de jouer
avec l'archet sur les cordes d'un instrument, il
faut les pincer.
Poco forte, un peu fort.
Poco piano, un peu faible.
Quartetto ou *quatuor*, composition musicale à quatre
parties.

Quasi, presque.
Quintetto, , *quintette*, composition musicale à cinq parties.
Rallentando, rall. ralentissant.
Religioso, religieux.
Replica, réplique. C'est répéter.
Rinforzando, rinf. en renforçant.
Ripieno, remplissage. Une partie de remplissage est une partie non obligée.
Risoluto, déterminé.
Ritardendo, ritard. en retardant.
Scherzando, scherz., folâtrant.
Segue, suivez.
Sforzando,
Sforzato, } sf. en renforçant.
Smorzando, smorz. en affaiblissant le son.
Solo, seul.
Sostenuto, soutenu.
Sotto voce, à demi-voix.
Spiccato, piqué.
Spiritoso, vif, avec feu.
Staccato, stac. détaché.
Tempo, temps.
Tempo di marcia, mouvement de marche.
Tempo giusto, temps juste, mouvement propre à la mesure.
Tempo primo, premier mouvement.
Tenuto, tenuta, tenue. C'est soutenir les sons.
Terzetto ou *trio*, composition musicale à trois parties.
Tutti, tous.
Un poco, un peu.
Vivace, vif.
Volti, v. tournez.
Volti subito, v. s. tournez promptement.

Chapitre XXIII. *De la Transposition.*

On entend par *transposition* le changement de ton d'un morceau de musique en un autre. Il y a deux manières de transposer. La première a lieu lorsque l'on veut chanter toujours dans le ton naturel, c'est-à-dire en *ut* majeur ou en *la* mineur. Elle consiste à changer la tonique d'un ton majeur quelconque en *ut*, et la tonique d'un ton mineur en *la*; à supprimer tous les dièses ou bémols qui pourraient se trouver à la clef, et à établir pour clef celle au moyen de laquelle la tonique du morceau transposé deviendra *ut* ou *la*, suivant que le ton est majeur ou mineur.

Par exemple, je suis en clef de *sol* seconde ligne, j'ai quatre dièses à la clef et *mi* pour tonique : pour changer le *mi* en *ut*, je supprime les quatre dièses et je remplace la clef de *sol* par la clef d'*ut* première ligne. Voilà la première manière d'opérer la transposition.

La seconde manière est beaucoup plus nécessaire et aussi plus usitée. Elle consiste à hausser ou baisser le ton d'un morceau à volonté, ou à mettre ce morceau dans tel ou tel ton qu'on voudra. Pour cela il faut en élever ou abaisser la tonique et toutes les notes d'un ou de plusieurs degrés, selon le ton par lequel on veut remplacer celui qui était établi : ce qui se fait au moyen du changement de clef, et en ajoutant ou retranchant des dièses ou des bémols.

Supposons, par exemple, un morceau en *ut* majeur, noté sur la clef de *sol* seconde ligne, et qu'on veuille le transposer en *si* naturel ou en *si* bémol : dans le premier cas on mettra cinq dièses, et dans le second deux bémols à la clef, après avoir eu soin de remplacer la clef de *sol* par la clef d'*ut* quatrième ligne, de manière à changer l'*ut* en *si*.

D'après ce que nous venons de dire, on voit que pour transposer il est absolument nécessaire de connaître toutes les positions des différentes clefs, et de savoir nommer les notes dans chacune de ces positions. *Voyez ex. du ch.* 23.

CHAPITRE XXIV. *De la Voix, de sa conservation et de son développement.*

La voix est sans contredit le plus beau de tous les instruments, comme c'est le plus naturel. Mais il faut avouer que c'est aussi le plus fragile et le plus difficile. Il convient donc de donner quelques détails sur la voix, sa conservation et son développement, ce qui fera l'objet des trois paragraphes suivants :

1.º *De la Voix.*

Le mot *voix* peut être pris en différentes significations. On entend d'abord par ce mot l'organe ou plutôt l'ensemble des organes qui concourent à la formation du son ou à sa modification. Le mot *voix* se prend en second lieu pour le son lui-même ; et c'est en ce sens qu'on dit que les voyelles sont appelées ainsi parce qu'elles forment une voix ou un son. Enfin l'on considère encore la *voix* comme la somme de tous les sons qu'un homme peut, en chantant ou en parlant, tirer de son organe ; en ce dernier sens, on dit qu'une personne a une belle voix, c'est-à-dire, qu'elle produit des sons agréables, des sons flatteurs pour l'oreille. On dit dans le même sens qu'elle a une voix étendue, c'est-à-dire qu'elle obtient un grand nombre de sons, qu'elle parcourt un grand nombre de sons soit à l'aigu, soit au grave. Ce que nous avons à dire de la voix se rapporte presque entièrement à la première signification de ce mot.

Outre le *palais*, la *langue*, les *dents* et les *lèvres* qui sont utiles au *mécanisme* de la voix, plusieurs parties telles que les *poumons*, la *trachée-artère*, le *larynx*, les *sinus fronteaux*, les *sinus maxillaires*, les *fosses nasales*, concourent à la *formation* ou à la *modification* du son.

Les poumons, espèces de soufflets, placés dans la poitrine, par la faculté de dilatation et d'affaissement dont ils sont doués, sont un des principaux moyens de la *respiration*, sans laquelle on ne pourrait former de sons.

La trachée-artère, sorte de *tube* par lequel *l'air* entre dans les poumons et en sort, est un corps *cartilagineux*, qui prend naissance au fond de la bouche et va droit à la poitrine, où il se sépare en deux parties que l'on nomme *bronches* : l'une de ces parties conduit l'air au poumon droit, l'autre le conduit au poumon gauche.

Le larynx est un des organes de la respiration et le principal instrument de la voix ; c'est la partie supérieure de la trachée-artère. Il a la forme d'un canal court et *cylindrique*, qui est ouvert par une fente ovale qu'on appèle *glotte*. Par cette fente l'air descend et remonte quand on respire, chante ou parle. Elle a la faculté de s'étrécir ou de s'élargir à volonté, et sa plus ou moins grande dilatation produit toutes les variétés de la voix humaine. La glotte est défendue par un cartilage très-mince et très-flexible qu'on appèle *épiglotte*. Ce cartilage est mobile et a la forme d'une feuille de lierre. Il est concave intérieurement et convexe supérieurement. Sa principale attribution est de recouvrir la glotte au besoin.

Les sinus frontaux sont deux cavités placées dans *l'os frontal* au-dessus du nez et des sourcils.

Les sinus maxillaires sont des cavités placées dans les os de la *mâchoire supérieure*, au-dessus des *alvéoles* antérieures de cette mâchoire.

Les fosses nasales sont deux cavités dans le nez auxquelles la *lame osseuse* qui sépare la *cavité des narines* sert de *cloison mitoyenne*, et dont les narines intérieures sont les *orifices externes* et les postérieures les *orifices internes*.

La respiration est l'action que font les poumons pour attirer ou repousser l'air. Elle s'opère par deux mouvements alternatifs, dont l'un, *l'aspiration*, introduit l'air dans les poumons, et l'autre, *l'expiration*, l'en fait sortir. Le premier mouvement est celui de l'aspiration, qui doit se faire très-promptement et sans bruit ni grimace; le second est celui de l'expiration, qui doit s'opérer très-lentement, de manière à conserver et à ménager l'air le plus long-temps possible, afin que les sons puissent être prolongés sans que la respiration soit trop fréquente.

L'air attiré par les poumons et repoussé par les muscles de la poitrine, en sort par les organes qui lui en ont donné l'entrée, c'est-à-dire, par la trachée-artère et le larynx, et produit, à l'occasion du *choc* et de la *résistance* qu'il trouve au passage du *gosier*, le son, que contribuent à modifier plus ou moins les autres parties dont nous venons de parler.

Les sons produits par la voix sont, comme on l'a vu dans le chapitre préliminaire, graves, aigus ou tenant le milieu. Les sons graves doivent être donnés par la poitrine, les sons du medium partent de la partie supérieure du larynx, et enfin les sons aigus proviennent des sinus frontaux et des fosses nasales; ce qui a fait admettre trois *registres* ou espèces de voix : *le registre de poitrine*, *le registre du medium* et le *registre de tête*, appelé aussi fausset ou voix sur-laryngienne.

Il n'y a que les dessus qui possèdent les trois registres. Les autres voix n'en ont que deux, celui de poitrine et celui de tête, et encore ce dernier n'est guère d'usage pour les voix dites basses.

A l'époque où les individus des deux sexes passent de l'enfance à la puberté, il s'opère un changement dans la voix. Ce changement, auquel on a donné le nom de *mue*, consiste, chez les hommes, en ce que leur voix se trouve baissée d'une octave ou d'une octave et demie, et perd à l'aigu ce qu'elle gagne au grave, sans qu'elle change pour cela de nature. L'effet de la mue, chez les femmes, est de donner à leur voix plus de force, plus de timbre et quelquefois plus d'étendue. Pendant la mue, la voix est rauque et l'émission du son pénible, ou même tout-à-fait impossible. Il est nécessaire de suspendre pendant cette crise toute étude de chant.

2.º *De la Conservation de la voix.*

Quiconque désire conserver sa voix doit bien prendre garde aux avis suivants :

1.º Ne jamais crier ou violenter sa voix pour la rendre plus forte et plus grosse, et pour se faire entendre au-dessus des autres.

2.º Éviter de prolonger l'étude sur des exercices qui seraient trop graves ou trop aigus, ne s'exercer habituellement que sur des morceaux convenables à l'étendue de sa voix, et quitter de suite l'étude, sitôt qu'on s'aperçoit qu'elle devient fatigante, afin de ne pas épuiser ses forces.

Mais dans ce cas on peut toujours solfier en lisant simplement les notes et en battant la mesure. Cet exercice est très-favorable surtout au moment de la mue. Car, à cette époque, il ne faut plus chanter ou du moins il y a beaucoup de précautions à prendre. Elles consistent principalement à éviter plus que jamais de forcer les sons graves et surtout les sons aigus de la voix, à retrancher de jour en jour les sons provenant de la poitrine que la mue aura fait perdre, et enfin à ne plus chanter du tout, quand il ne restera plus à la voix qu'une octave d'étendue. Ces précautions sont essentielles, et celui qui les néglige s'expose à perdre sa voix, et y nuit toujours singulièrement.

3.º Ne point chanter proche ou vis-à-vis d'une porte ou d'une fenêtre entr'ouverte, ni devant un grand feu, sans mettre quelque chose devant sa bouche, ni, autant que possible, pendant ou immédiatement après le repas, ou lorsqu'on est enroué. Éviter aussi de chanter en plein air surtout par un temps humide ou de brouillard ; plusieurs personnes en ont perdu la voix sans retour.

4.º Ne point passer subitement, sans précaution, du trop grand chaud au trop grand froid, et ne rester jamais placé entre deux airs. Les enrouements, les rhumes, les fluxions, sont la suite de ces imprudences et ne peuvent que gâter et altérer la voix.

5.º S'abstenir des exercices trop violents, tels que la course, la lutte, l'escrime, la danse, ou au moins ne pas s'y livrer trop long-temps.

6.º Éviter les excès en tout genre, même ceux de travail, soit d'esprit, soit de corps, et ne veiller jamais bien avant dans la nuit. Tous les excès tendent à détruire la voix, et la perte de plusieurs années d'études n'est que trop souvent le résultat de l'inconduite.

7.º Il faut suivre un régime sévère et mener une vie des plus régulières, faire un usage modéré du vin et s'abstenir entièrement de l'eau-de-vie et des liqueurs. Il convient encore de ne pas manger de fruits ou de légumes crus frais cueillis, de faire un trop fréquent usage d'huile et de corps gras ou huileux, tels que l'anguille et la noix, surtout quand celles-ci sont vieilles et rances.

Il resterait à faire beaucoup d'autres observations, dont plusieurs pourraient même paraître ridicules ou au moins minutieuses ; mais il n'en est pas de la voix comme d'un autre instrument ; celui-ci, en cas d'accident, peut être réparé par un luthier habile, ou remplacé par un autre instrument pareil ; mais la voix, une fois perdue ou altérée, ne peut être ni réparée ni remplacée. Elle exige donc une multitude de précautions, dont plusieurs, quelquefois même celles qui paraissent de peu d'importance, ne peuvent être négligées sans inconvénient.

3.º *Du Développement de la voix.*

L'expérience fait voir que tout le monde n'a pas de la voix pour chanter, comme pour parler, et qu'en vain on se servirait d'un bon maître pour forcer la nature à donner de la voix, s'il n'y en a quelque apparence, et surtout de l'oreille.

Cependant, pour peu qu'on ait de voix et d'oreille, on peut, à l'aide d'exercices bien dirigés, et avec de la bonne volonté, corriger les défauts de la voix et acquérir assez d'oreille pour chanter juste et même agréablement.

De tous les exercices celui de la gamme est le plus difficile et le plus nécessaire; on doit s'y appliquer tout d'abord. Ce n'est qu'à force de gammes que la voix se forme, se développe, se rectifie, que l'oreille s'accoutume à distinguer si le son est trop haut ou trop bas, et qu'à l'aide de l'une on arrive à rendre l'autre juste.

Pour bien faire la gamme et les autres exercices, il faut :
1.º Se tenir dans une position naturellement droite et sans faire le moindre effort, avoir la tête élevée sans la pencher trop en arrière, ouvrir médiocrement la bouche, comme si l'on souriait, éviter toute grimace, desserrer les dents, et appuyer légèrement la langue derrière les dents inférieures.

2.º S'attacher à prononcer bien distinctement les notes, afin de bien prononcer aussi les paroles.

3.º S'habituer à respirer le moins souvent possible, et dans l'endroit où le chant en souffre le moins.

4.º Exercer de préférence sa voix le matin à jeun; on ne saurait choisir un moment plus convenable.

Quand on est parvenu à bien chanter des gammes dans le mode majeur, il faut s'adonner à celles du mode mineur, puis aux gammes chromatiques; s'exercer aussi sur les intervalles de secondes, tierces, quartes, quintes, etc., et ne jamais se rebuter de faire les mêmes choses; car c'est le seul moyen de former les organes et de corriger ce qu'ils ont de défectueux, et les conseils des meilleurs maîtres ne serviront à rien, sans la pratique soutenue des exercices que nous venons d'indiquer.

Mais de tous les exercices le plus profitable et le plus essentiel, est celui de la vocalisation. Il faut s'en occuper aussi bien que du solfège, et faire marcher ces deux études de front. Vocaliser, comme on l'a dit, c'est chanter sur une voyelle, et la voyelle *a* étant la plus favorable pour la voix, on la choisit ordinairement pour vocaliser. On répète, en vocalisant, tous les exercices que l'on a faits en solfiant, et l'on a soin de prolonger les sons le plus long-temps possible. Il faut attaquer le son franc et juste, sans y arriver par aucune traînée. On l'émet très-faible en commençant, on le renforce progressivement, jusqu'au plus fort, puis on le diminue peu-à-peu, de manière qu'il finisse par s'éteindre insensiblement; et tout cela doit se faire sans remuer ni la bouche ni la langue, et sans donner la moindre secousse à la poitrine. Un son ainsi soutenu est ce qu'on appelle une mise de voix, en italien *messa di voce*. On ne saurait trop s'y exercer. Il faut le pratiquer tous les jours, avec modération toutefois, surtout dans les commencements, dans la crainte que la poitrine ne vînt à en souffrir. Aussi faut-il suspendre, quand on se sent fatigué.

Tout en se livrant à l'étude du solfège et de la vocalisation, il est utile d'apprendre par cœur des morceaux de chant, et de s'habituer à les chanter avec goût et avec sentiment. Les tons des psaumes sont encore très-propres à former la voix et à la rendre juste. Autrefois, dans les cathédrales, on chantait tous les jours les *petites heures*, ce qui n'était pas, pour les enfants de chœur, l'exercice le moins avantageux, et il n'y a pas de doute que c'est un de ceux qui contribuaient le plus à développer la voix de ces enfants. Chaque maîtrise était alors une pépinière de chanteurs. Ces établissements n'existant plus ou étant en très-petit nombre, il n'est pas étonnant que les chanteurs soient devenus très-rares, et que la pénurie des voix se fasse sentir de plus en plus.

Il est encore nécessaire de s'habituer à passer d'un registre de la voix à l'autre, en les réunissant de manière que ce passage soit insensible, ce qui se pratique en s'exerçant sur les deux sons où s'opère le changement de registre; en adoucissant le son de la poitrine et renforçant celui du medium, quand il s'agit de passer du registre de la poitrine à celui du medium; en renforçant celui du medium et en adoucissant celui de la tête, quand on passe du registre du medium au registre de la tête. Dans les voix d'hommes, le passage du registre de poitrine à celui de tête se fait ordinairement pour le concordant du *mi* au *fa* ou du *fa* au *sol*; pour le tenor, du *sol* au *la*. Quant aux voix basses, il leur est si difficile de réunir ces deux registres, qu'il serait inutile d'en parler. Il en est de même de la voix de contralto, dans les voix de femme. Le second ou bas dessus change de registre du *mi* au *fa* ou du *fa* au *sol*, une octave au-dessus du concordant. À l'égard du premier ou haut dessus, il a seul trois registres : le passage du registre de poitrine à celui du medium se fait du *fa* au *sol*; le passage du registre du medium au registre de tête se fait du *sol* au *la* une octave au-dessus.

Lorsque les sons montent ou descendent par degrés conjoints, il faut, autant que possible, ne jamais taire la voix, en passant d'un son à un autre son, à moins qu'il ne soit indiqué de les détacher. Pour ceux qui montent ou descendent par degrés disjoints, il faut entr'eux une liaison fort légère, et qui anticipe en quelque sorte la note à laquelle on veut arriver. C'est ce qu'on appèle *porter les sons*. Le *port de voix*, en italien *portamento*, produit un bon effet, quand il est employé à propos; mais il faut en user avec discrétion et sobriété, surtout dans la musique d'église, et le bannir presque entièrement du plain-chant, où tout doit être mâle et où tous les sons doivent être attaqués vigoureusement.

Quand on rencontre une petite note ou *appogiature*, il faut y appuyer la voix, mais sans affectation. Ces petites notes doivent être faites plus ou moins lentement, selon le mouvement du morceau, et selon l'expression qu'on veut lui donner. Le plus ordinairement, l'appogiature emprunte à la note qui la suit la moitié de sa valeur.

Il faut enfin observer les temps forts et les temps faibles de la mesure, les *forte* et les *piano*, donner un peu plus de force aux sons qui montent qu'à ceux qui descendent, et cela par gradations; s'exercer à distinguer les phrases, à les bien sentir, à ne pas les hacher, et à bien observer toutes les nuances. C'est en se conformant aux intentions du compositeur, manifestées par les différents signes dont nous avons parlé; c'est en se pénétrant le plus possible de ses idées, que l'on parvient à donner à la musique de l'expression, qualité essentielle pour émouvoir, et sans laquelle on ne produira que point ou peu d'effet sur les auditeurs.

DEUXIÈME PARTIE.

DU PLAIN-CHANT.

CHAPITRE I.er *Portée, Clefs et Gamme du plain-chant.*

Le *plain-chant* est le chant dont on se sert habituellement dans les églises. Ce chant, tel qu'il subsiste encore aujourd'hui, est un reste bien précieux, quoique défiguré, de l'ancienne musique grecque.

Il y a deux espèces de plain-chant : le *plain-chant simple* et le *plain-chant figuré*. Le plain-chant simple est aussi appelé *choral*, parce qu'il est en usage dans les chœurs, et *grégorien*, parce que saint Grégoire-le-Grand, pape, réforma les premiers chants qui avaient été introduits dans l'église par S. Ambroise, archevêque de Milan, fit un recueil de ces chants et de tous les autres qu'il put trouver, et leur imprima le caractère qu'ils ont conservé jusqu'à ce jour; ce qui fit donner à cette réunion de chants le nom de plain-chant grégorien. Le plain-chant figuré est aussi appelé *musical*, parce qu'il emprunte beaucoup de choses à la musique, dont il se rapproche plus que le plain-chant simple.

La portée sur laquelle on écrit le plain-chant n'a que quatre lignes, et on les compte communément en commençant par le haut. Cependant, pour procéder avec plus d'uniformité, nous compterons ici les lignes, comme dans la musique, en commençant par le bas.

Deux clefs seulement sont en usage dans le plain-chant, savoir : la clef d'*ut* et la clef de *fa*. Anciennement on employait aussi, quoique bien rarement, la clef de *sol*. La clef d'*ut* se place le plus ordinairement sur la troisième et sur la quatrième ligne, et la clef de *fa* sur la troisième. Néanmoins l'on voit de fréquents exemples de ces clefs placées sur les autres lignes.

Les notes sont au nombre de sept, et portent le même nom que dans la musique. La gamme se forme de la succession de ces sept notes, auxquelles on ajoute la répétition de la première, et elle renferme cinq tons et deux demi-tons. *Voyez ex. du chap.* 1.ᵉʳ

Chapitre II. *Des Notes et de leur valeur.*

On distingue plusieurs espèces de notes, savoir : la *longue*, la *carrée* et la *losange* ou *brève*. On trouve aussi dans les livres de plain-chant une note appelée *oblique*, et qui compte pour deux représentées par les extrémités; mais c'est plutôt une abréviation qu'une nouvelle note. En général, la longue a deux fois la valeur de la carrée, et la carrée deux fois la valeur de la brève. La longue répond à deux rondes de la musique, la carrée à la simple ronde, et la brève à la blanche. Du moins c'est la valeur qu'on leur donne, quand on fait cadrer des parties de musique avec des parties de plain-chant.

Au reste, on emploie dans le plain-chant figuré plusieurs autres notes et signes de la musique, qui ont absolument la même valeur que les notes et signes de la musique, quoique leur figure soit un peu différente.

Dans le plain-chant simple, on applique les notes aux syllabes ainsi qu'il suit : les syllabes, à l'exception des brèves, sont surmontées par une ou plusieurs carrées. Lorsqu'il survient une syllabe brève, elle est désignée par une losange, et la note qui la précède doit toujours être une longue. *Voyez ex. du chap.* 2.

Chapitre III. *De la Mesure et des Repos.*

Quoique le plain-chant soit plutôt syllabique que mesuré, on peut cependant, pour plus de régularité et d'ensemble, adopter et l'on adopte en effet une espèce de mesure dite *mesure à un temps* ou *mesure de chœur.* Cette mesure se compose alors d'une carrée, et quand il paraît une longue suivie d'une brève, on compte ordinairement ces deux notes pour deux mesures, en ayant soin d'appuyer sur la longue et de passer rapidement sur la brève à laquelle on donne très-peu de valeur. Quelquefois aussi ces deux notes ne sont comptées que pour une mesure.

Pour indiquer les repos et les endroits où l'on doit respirer, on se sert de *barres verticales*. Ces barres se font différemment. On les fait courtes, pour marquer la respiration ; longues, pour marquer la ponctuation, et doubles, pour marquer les intonations, la fin des versets, les reprises, les changements de chœur et la fin des pièces. Tel est au moins l'usage le plus général.

Quant au mouvement, il varie suivant les fêtes et les offices. Il est plus lent les jours de solennité, et lorsqu'on chante devant le Saint-Sacrement, et plus vif aux jours ordinaires. *Voy. ex. du chap.* 3.

Chapitre IV. *Des signes d'Altération.*

Les signes *d'altération* sont, comme en musique, le *dièse* et le *bémol*. Le *bécarre* s'emploie pour remettre la note dans son ton naturel.

Le dièse n'est guère d'usage que dans le plain-chant musical, encore y est-il assez rare. Mais pour le bémol, on s'en sert très-fréquemment. Il ne se place que sur le *si*, et il est alors ou *continuel* ou *accidentel*. Dans le premier cas, c'est-à-dire, lorsqu'il est à demeure à la clef, on dit que le morceau de plain-chant *se chante par bémol*, tandis que, quand il n'y a rien à la clef, on dit qu'il *se chante par bécarre*.

Le *si* bémolisé s'appèle *za*. Quand les notes ne montent point au-dessus du *si*, il faut faire le *si* bémol, quoique le bémol ne soit point marqué, à moins qu'il n'y ait un bécarre à la place du *si*.

Il arrive quelquefois que le *mi* est aussi affecté d'un bémol, surtout dans le plain-chant musical, où les signes altératifs sont plus souvent employés que dans le plain-chant simple.

Chapitre V. *Des Intervalles.*

Ce que nous avons dit des intervalles et des degrés dans la première partie, peut s'appliquer au plain-chant. Seulement on n'y distingue pas un aussi grand nombre d'intervalles, par la raison que les altérations y sont beaucoup plus rares que dans la musique, et que l'on y rejète l'intervalle de septième, au moins dans le plain-chant simple, ainsi que les intervalles de quarte augmentée et de quinte diminuée, autrement dits *triton*, parce qu'ils renferment trois tons.

Chapitre VI. *Des Tons ou Modes de l'église.*

On a vu dans la première partie les différentes significations du mot *ton*. Ici le mot *ton* est pris pour un *mode* ou manière de chanter, qui distingue un chant d'avec un autre. Le véritable nom est *mode*; et le mode, comme nous l'avons déjà dit, résulte de la disposition des sons entr'eux et de la place occupée par les demi-tons dans l'échelle; mais l'usage d'appeler indifféremment *tons* ou *modes* les modes de l'église ayant prévalu, ces deux mots, en plain-chant, signifient la même chose.

C'est par le moyen de la *finale* et de la *dominante* qu'on connaît le ton. La *finale* ou *tonique* est en général la note qui termine une antienne, un répons ou autre chant. La *dominante* est la note sur laquelle insiste principalement le chant d'une antienne, d'un répons, etc. La dominante, ainsi qu'on va le voir, n'est pas toujours, comme en musique, à la quinte au-dessus de la tonique.

Les tons du plain-chant sont *réguliers, mixtes*, ou *irréguliers*. Les tons réguliers se divisent en tons *principaux* ou *authentiques*, et en tons *plagaux* ou *collatéraux*.

Il y a quatre tons authentiques. Ils ont leur finale à un degré l'un de l'autre, selon l'ordre de ces quatre notes *ré, mi, fa, sol*. Il y a aussi quatre tons plagaux. Les quatre tons authentiques ont chacun pour supplément un ton plagal, qui a la même finale que l'authentique. Ainsi, le premier ton ayant pour finale *ré*, a pour plagal le second ton dont *ré* est aussi la finale. Le troisième ton ayant pour finale *mi*, a pour plagal le quatrième ton dont *mi* est aussi la finale. Le cinquième ton ayant pour finale *fa*, a pour plagal le sixième ton dont *fa* est aussi la finale. Le septième ton ayant pour finale *sol*, a pour plagal le huitième ton dont *sol* est aussi la finale. C'est ce qui fait que les tons ou modes authentiques sont nommés impairs, et les plagaux pairs, eu égard à leur place dans l'ordre des tons.

Deux choses aident à distinguer un ton authentique d'avec un ton plagal. Premièrement, la place occupée dans le chant par la finale ou tonique. Si la finale occupe à-peu-près le plus bas degré du chant, le ton est authentique. Si le chant descend jusqu'à trois degrés au-dessous de la tonique, le ton est plagal. Secondement, la dominante. Tout ton plagal a, comme nous l'avons déjà vu, la même finale que le ton authentique dont il est le supplément; mais la dominante n'est pas la même pour l'un et pour l'autre. Ainsi, le premier et le second ton ont une finale commune qui est *ré*; mais la dominante du premier ton est *la*, tandis que la dominante du second ton est *fa*. Le troisième et le quatrième ton ont pour finale commune *mi*; mais la dominante du troisième ton est *ut*, tandis que la dominante du quatrième est *la*. Le cinquième et le sixième ton ont *fa* pour finale commune; mais la dominante du cinquième ton est *ut*, tandis que la dominante du sixième est *la*. Le septième et le huitième ont pour finale commune *sol*; mais la dominante du septième ton est *ré*, tandis que la dominante du huitième est *ut*.

Le discernement des tons authentiques et des tons plagaux est indispensable à celui qui donne le ton du chœur; car si le chant est dans un ton plagal, il doit prendre la finale à-peu-près dans le medium de la voix, et si le ton est authentique, il doit la prendre dans le bas. Faute de cette observation, on expose les voix à se forcer ou à n'être pas entendues.

Quoique en général une pièce de plain-chant doive être renfermée dans l'étendue d'une octave ou au plus d'une neuvième, cependant il arrive quelquefois qu'elle excède l'octave de plusieurs degrés, et que son étendue est égale à celle de deux tons réunis. Cette *extension* forme ce qu'on appèle un ton *mixte*. Il y a quatre tons mixtes.

Le premier ton mixte se forme de la réunion des deux premiers tons réguliers; ce qui peut arriver de deux manières, par extension en dessus ou par extension en dessous. Le second ton mixte est formé de la réunion des troisième et quatrième tons réguliers. Le troisième ton mixte, des cinquième et sixième tons réguliers. Le quatrième ton mixte se forme de la réunion des septième et huitième tons réguliers. Ces tons mixtes doivent être rangés parmi les authentiques, et en retenir la qualité comme étant la plus noble.

On appèle tons *irréguliers*, ou plutôt pièces *irrégulières*, certaines pièces de plain-chant dont il est difficile de déterminer le ton, parce qu'elles ne paraissent appartenir à aucun ton du plain-chant. De ce nombre sont le chant du psaume *In *exitu Israel* et son antienne, et l'antienne *Hæc dies* des jours de Pâques. On assigne alors à ces morceaux de plain-chant le ton auquel on croit qu'ils se rapportent le mieux. D'où l'on peut voir que toute pièce de plain-chant, soit régulière, soit mixte, soit irrégulière, se rattache toujours à un des huit tons réguliers.

On trouve fréquemment dans les livres de plain-chant des morceaux qui n'ont pas pour finale une des quatre notes que nous avons désignées, savoir : *re*, *mi*, *fa*, *sol*. Cela vient quelquefois de l'irrégularité du morceau, mais plus souvent de ce que la finale a été transposée pour la commodité des voix. Ainsi, dans le premier ton, au lieu de *ré*, on aura *fa*, *sol*, *la*, ou même *ut* pour finale ; mais le ton reste le même, si l'ordre et la modulation ne changent pas.

On fera encore une observation relative aux tons transposés. Chaque pièce de plain-chant pouvant finir sur une des six notes *ré*, *mi*, *fa*, *sol*, *la*, *ut* et être d'un ton authentique ou d'un ton plagal, il est clair que l'on pourrait compter douze tons de plain-chant marchant toujours deux à deux, savoir un authentique avec un plagal. Mais comme on place ordinairement un bémol sur le *si*, dans le premier et le second, le cinquième et le sixième ton, il en résulte que ces quatre tons deviennent absolument semblables aux neuvième, dixième, onzième et douzième tons, et qu'il est d'usage de ne regarder ces quatre derniers que comme une transposition des autres à la quinte en haut, en sorte que l'on ne compte que huit tons, ainsi qu'il a été dit précédemment.

Les huit tons du plain-chant répondent, à ce qu'on prétend, aux huit premiers *modes grecs*, dont ils ont long-temps porté les noms. Ainsi le premier ton s'appelait *dorien* ou *hyper-dorien*, le second *sous-dorien* ou *hypodorien*, le troisième *phrygien*, le quatrième *sous-phrygien*, le cinquième *lydien*, le sixième *sous-lydien*, le septième *mixolydien*, le huitième *sous-mixo-lydien*. Les neuvième, dixième, onzième et douzième tons, que nous avons dit n'être considérés que comme une transposition, répondent aux quatre derniers modes grecs, et pourraient en prendre les noms. Ainsi, le neuvième ton s'appèlerait *éolien*, le dixième *sous-éolien*, le onzième *ionien* ou *iastien*, et le douzième *sous-ionien* ou *sous-iastien*.

Les tons de l'Église ne sont point asservis aux lois des tons de la musique. Il n'y est pas question de la médiante, ni de la note sensible; le **mode** y est peu déterminé, et on laisse les demi-tons où ils se trouvent dans l'ordre naturel de l'échelle, pourvu seulement qu'ils ne produisent ni quarte augmentée, ni quinte diminuée sur la tonique. Cependant, pour établir quelques rapports entre les tons de la musique et les tons du plain-chant, et pour approprier, autant que possible, l'étendue de tous les tons du plain-chant à celle d'une seule voix, les organistes ont cherché les tons de la musique les plus correspondants à ceux du plain-chant, et voici ceux qu'ils ont établis.

1.ᵉʳ Ton, *ré* mineur.

2.ᵉ Ton, *sol* mineur.

3.ᵉ Ton, *la* mineur ou *sol*.

4.ᵉ Ton, *la* mineur, finissant sur la dominante.

5.ᵉ Ton, *ut* majeur ou *ré*.

6.ᵉ Ton, *fa* majeur.

7.ᵉ Ton, *ré* majeur.

8.ᵉ Ton, *sol* majeur, en faisant sentir le ton d'*ut*.

On a assigné à chacun des huit tons du plain-chant un caractère particulier. Le premier est dit *grave*, le second *triste*, le troisième *mystique*, le quatrième *harmonieux*, le cinquième *joyeux*, le sixième *dévot*, le septième *angélique*, le huitième *parfait*. Voyez ex. du chap. 6.

CHAPITRE VII. *Du chant des Psaumes et des Cantiques.*

On distingue quatre choses dans le chant des psaumes et des cantiques, savoir : l'*intonation*, la *médiation*, la *terminaison* ou *conclusion* et la *note principale*.

1.º L'*intonation* est la modulation par où commence le premier verset d'un psaume, et par laquelle on va chercher la dominante du ton. Quant aux autres versets, ils commencent ordinairement dès la première syllabe par la dominante. On en excepte les versets des cantiques, lorsqu'on touche l'orgue.

2.º La *médiation* est la manière de chanter la fin de la première moitié du verset d'un psaume. La médiation ne change pas ordinairement. Quelquefois cependant celle des second, quatrième, cinquième et huitième tons varie, et cela a lieu lorsqu'elle se fait sur un mot indéclinable, ou qu'elle finit par un monosyllabe; car pour lors, au lieu d'élever l'avant-dernière syllabe, comme le ton le demande, on élève la dernière. Ce qui se pratique également pour le chant de l'*In exitu* des dimanches ordinaires.

3.º La *terminaison* est la manière de finir le verset d'un psaume. Elle est ordinairement marquée par le mot *e u o u a e*, qui est l'abréviation des deux mots *seculorum amen*.

4.º La *note principale* d'un psaume, qui en est la dominante, est celle sur laquelle tombe la première lettre de l'*euouae*. Il en est du moins ainsi pour les tons réguliers.

Faisons ici une remarque essentielle : c'est qu'on doit prolonger les sons sur la syllabe qui précède la médiation et la terminaison des psaumes. C'est aussi ce qui se pratique à la fin des intonations, des antiennes, à la fin des versets, des répons et des graduels, et généralement à la fin de tout ce que l'on chante tant en chœur qu'en particulier. Cette prolongation des sons se nomme *tenue*. Voyez ex. du chap. 7.

Chapitre VIII. *Des Faux-Bourdons.*

On appèle *faux-bourdon* un genre de composition de plain-chant à notes contre notes, dans lequel on place ordinairement le plain-chant au *tenor*, en lui donnant une basse qui procède par accords parfaits. Les faux-bourdons sont à trois, quatre et cinq parties, et s'exécutent par les voix seules ; mais il est bon qu'elles soient soutenues par un orgue, par une contrebasse, ou par un autre instrument grave qui fera la partie de basse.

Nous ne parlerons pas ici des autres chants en usage dans les églises, tels que ceux du *benedicamus*, des *neumes*, des *versets*, des *oraisons*, des *complies*, des *absolutions*, des *bénédictions*, des *leçons*, des *litanies*, etc. etc. Ces chants se trouvent dans les livres ordinaires, et d'ailleurs on ne peut donner à cet égard de plus amples renseignements, dans des principes aussi abrégés que ceux-ci.

Chapitre IX. *Manière de chanter le plain-chant.*

Nous terminerons cette seconde partie par un article sur la manière de bien chanter le plain-chant. La première règle à observer, c'est de mettre les dominantes, de quelque ton qu'elles soient, à l'unisson; c'est-à-dire, les chanter toutes sur le même ton. Ce ton commun, sur lequel elles sont ainsi ajustées, s'appèle *ton du chœur*. Pour bien prendre ce ton, il faut le recevoir de l'orgue ou de l'instrument qui accompagne le chant, s'il en existe. A défaut de ces instruments, il faut prendre un ton mitoyen que l'usage enseigne, et qui sera celui des dimanches ordinaires. On le baissera un peu aux jours fériaux, fêtes simples et offices des morts; et on l'élèvera un peu au contraire aux fêtes doubles et solennelles, de manière que ces trois différences soient comprises dans une tierce. Par exemple, le ton mitoyen sera *la*, le plus bas sera *sol*, et le plus élevé sera *si* ou *si* bémol.

Pour bien prendre le ton du chœur, il faut aussi faire attention aux morceaux que l'on va chanter; les uns demandent quelquefois à être pris plus haut et les autres plus bas. On doit encore avoir égard aux voix des chantres. Il est certain que si ces voix montent mieux qu'elles ne descendent, il faudra prendre le ton un peu plus haut et réciproquement.

Cette première règle regarde le chœur en général, et de son observation dépend, en grande partie, la beauté et la perfection du chant. Cependant il faut de plus que tous ceux qui chantent dans le chœur mettent en pratique les avis suivants :

1.º Il ne faut point forcer ni contrefaire sa voix pour la rendre ou plus grosse ou plus claire, ni chanter négligemment; mais il faut conserver sa voix naturelle et la soutenir au même ton. On doit éviter les postures extraordinaires de lèvres, les mouvements de tête, les coups de gosier, les aspirations, comme font ceux qui poussent toujours des *ha*, *ha*, et en un mot tout ce qui peut nuire à la prononciation ou altérer les sons.

2.º Ouvrir la bouche, autant qu'il est nécessaire, pour jeter le son en dehors, et ne point étouffer sa voix en fermant la bouche ou en serrant trop les dents.

3.º Ménager sa voix, afin de pouvoir chanter plus long-temps sans se fatiguer, et ne jamais la faire éclater, même dans les endroits où elle est plus belle et plus libre.

4.º Écouter ceux avec qui l'on chante, et que tous se suivent si bien qu'ils chantent tous en même temps syllabe pour syllabe et note pour note, afin d'éviter les discordances.

5.º Bien observer la pause de la médiation dans la psalmodie, et ne point commencer un verset que la fin de l'autre ne soit entendue.

6.° Enfin, avoir un grand soin qu'il n'y ait rien de profane dans le chant, mais que tout y soit spirituel; rien qui ressente l'air séculier ou la vanité, mais que tout y soit rapporté à la gloire de Dieu; rien qui se chante seulement du bout des lèvres, mais tout avec *l'application du cœur vers Dieu*, la bienséance et la modestie pour *l'édification du prochain*. Sans cela, nos chants ne peuvent avoir de mérite.

FIN

TABLE.

1.re Partie. De la Musique.

II.ᵉ Partie. Du Plain-Chant.

FIN DE LA TABLE.

PRINCIPES ÉLÉMENTAIRES DE MUSIQUE
ET DE PLAIN-CHANT

Planches.

PREMIÈRE PARTIE

Exemples du Chapitre 1.ᵉʳ

Sons représentés par les Notes.

Ex: du chap: 2.

Composition de la gamme diatonique.

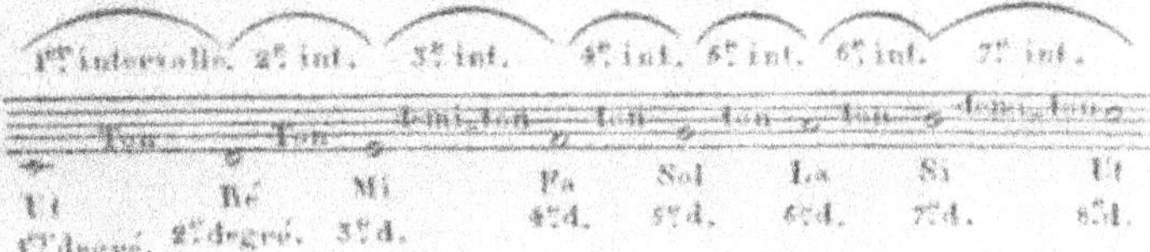

Division de la gamme diatonique.

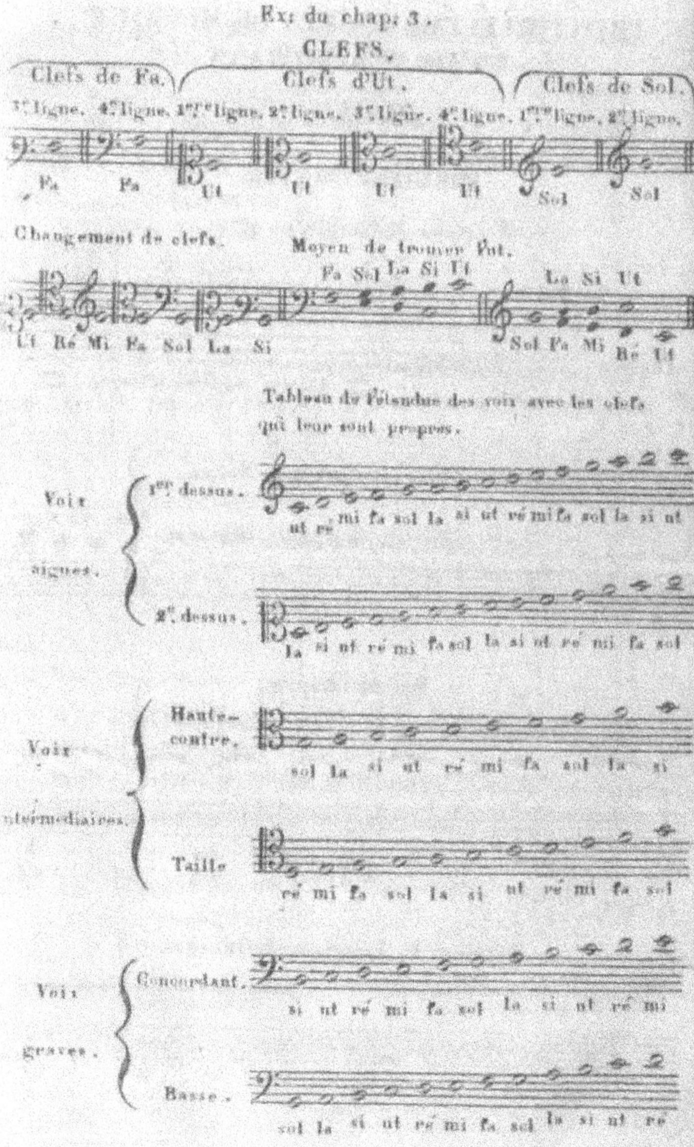

Ex: du chap: 3.
CLEFS.
Clefs de Fa. Clefs d'Ut. Clefs de Sol.
3e ligne. 4e ligne. 1re ligne. 2e ligne. 3e ligne. 4e ligne. 1re ligne. 2e ligne.
Fa Fa Ut Ut Ut Ut Sol Sol
Changement de clefs.
Moyen de trouver l'ut.
Fa Sol La Si Ut
La Si Ut
Ut Ré Mi Fa Sol La Si
Sol Fa Mi Ré Ut
Tableau de l'étendue des voix avec les clefs qui leur sont propres.
Voix aiguës.
1er dessus.
ut ré mi fa sol la si ut ré mi fa sol la si ut
2e dessus.
la si ut ré mi fa sol la si ut ré mi fa sol
Voix intermédiaires.
Haute-contre.
sol la si ut ré mi fa sol la si
Taille.
ré mi fa sol la si ut ré mi fa sol
Voix graves.
Concordant.
si ut ré mi fa sol la si ut ré mi
Basse.
sol la si ut ré mi fa sol la si ut ré

Ex: du chap: 4.

Figures de Notes.

Ronde. Blanche. Noire. Croche. Double croche. Triple croche. Quadruple croche.

Tableau de la valeur des Notes.

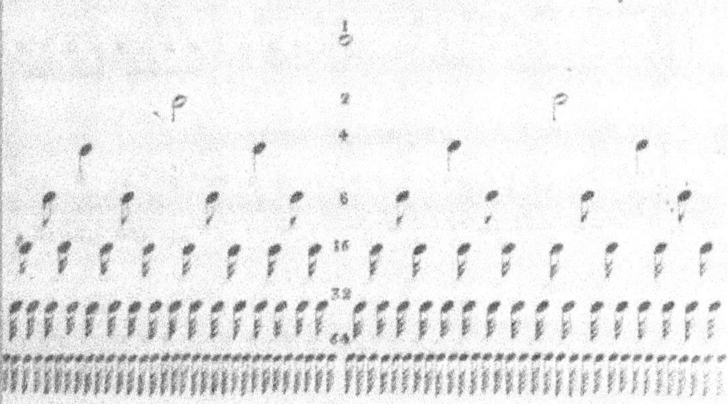

Anciennes figures de Notes.

Maxime. Longue. Brève. Semi-brève. Minime.

Ex: du chap: 5.

Figures de Silence.

Ronde, Blanche, Noire, Croche, Double croche, Triple croche, Quadruple croche.

Pause, Demi-pause, Soupir, Demi-soupir, Quart de soupir, 8e de soupir, 16e de soupir.

Valeur des notes pointées. — Valeur des silences pointés.

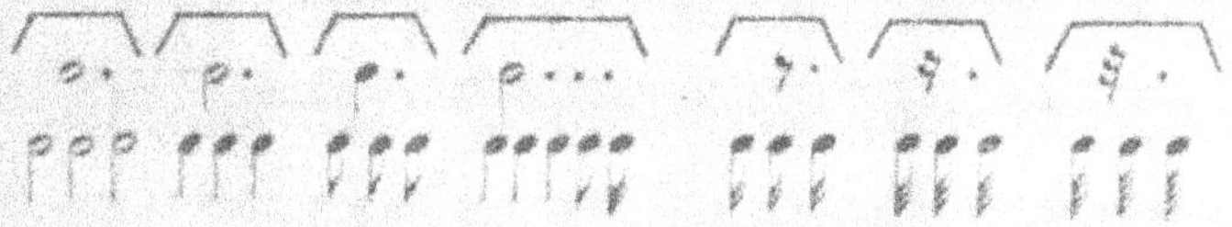

Triolets. — Doubles Triolets.

Ex. du chap. 6.

Mesure principale.

À quatre temps. 1 2 3 4   1 2 3 4   1 2 3 4   1 2 3 4

À deux temps. 1 2   1 2   1 2   1 2

Mesures dérivées.

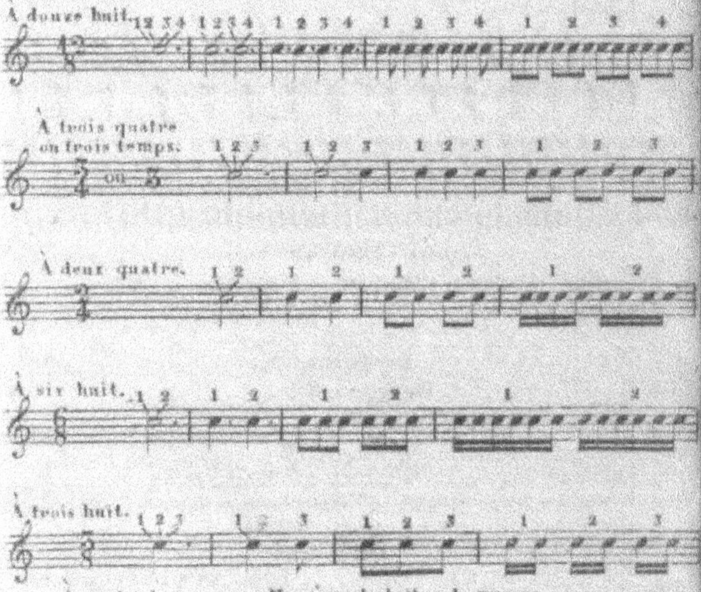

À douze huit. 1 2 3 4 1 2 3 4   1 2 3 4   1 2 3 4   1 2 3 4

À trois quatre ou trois temps. 1 2 3   1 2 3   1 2 3   1 2 3

À deux quatre. 1 2   1 2   1 2   1 2

À six huit. 1 2   1 2   1 2   1 2

À trois huit. 1 2 3   1 2 3   1 2 3   1 2 3

À quatre temps.   Manière de battre la mesure   À trois temps.   À deux temps.

3 lever   2 lever

4 lever.

Gauche 2   3 droite   2 droite

1 fapper.

1 Frapper   1 Frappe

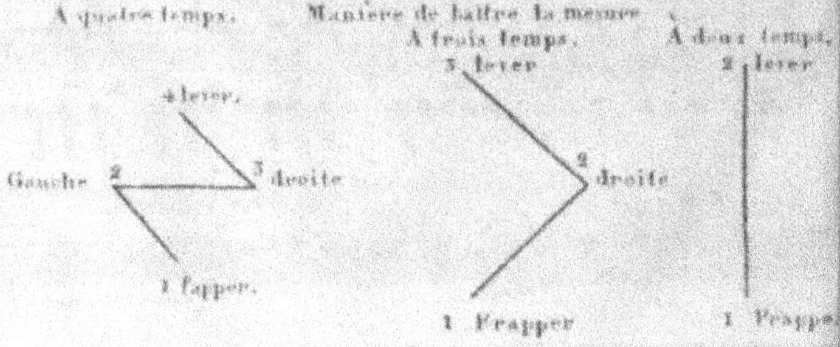

Ex: du chap: 7.

Silences de mesures.

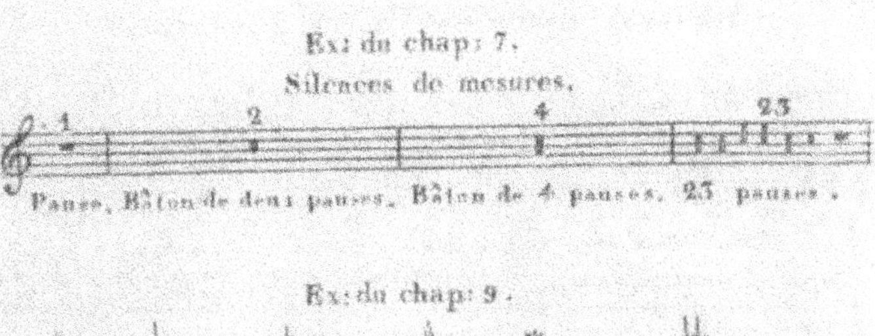

Ex: du chap: 9.

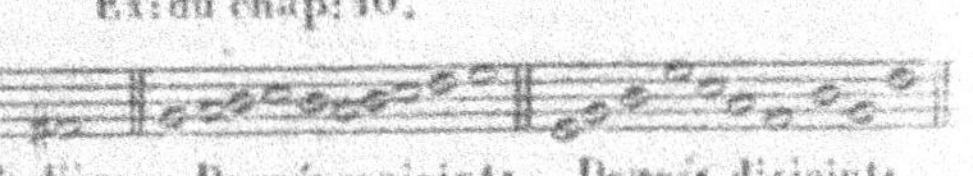

Ex: du chap: 10.

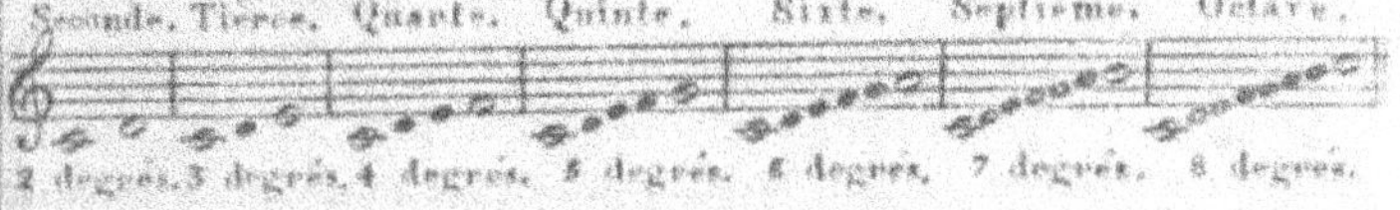

Ex: du chap: 11.

Intervalles simples.

Intervalles redoublés.

Suite des Ex: du chap: 11.

Tableau des intervalles et de leur renversement.

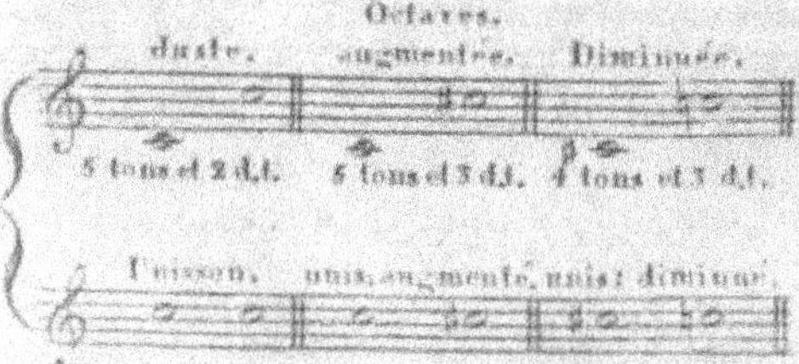

Ex: du chap: 12. 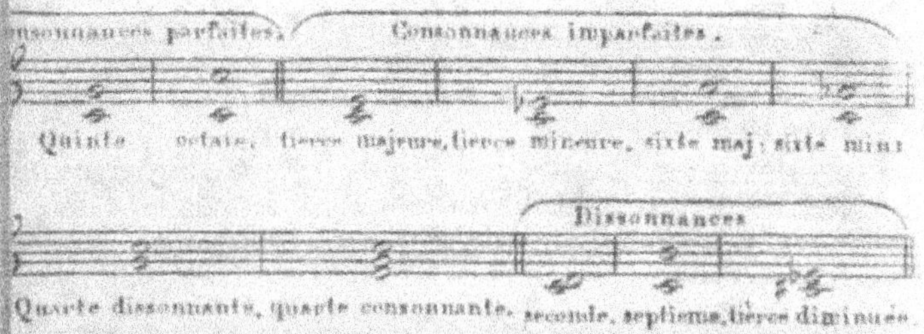
Consonnances parfaites. Consonnances imparfaites.
Quinte octave, tierce majeure, tierce mineure, sixte maj; sixte min;
Dissonnances
Quarte dissonnante, quarte consonnante, seconde, septième, tierce diminuée.
Ex: du chap: 13. 
Position des dièses. Position des bémols.
Ex: du chap: 14 
1re 2e sus- 3e 4e sus- 6e sus- note octave de
Tonique, tonique, médiante, dominante, dominante, dominante, sensible, la tonique.
Ex: du chap: 15.
Gamme mineure. 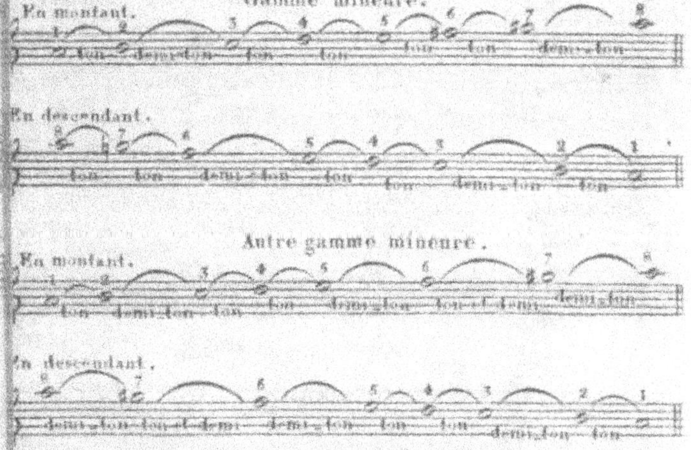
En montant.
ton demi-ton ton ton ton ton demi-ton
En descendant.
ton ton demi-ton ton ton demi-ton ton
Autre gamme mineure.
En montant.
ton demi-ton ton ton demi-ton ton-et-demi demi-ton
En descendant.
demi-ton ton-et-demi demi-ton ton ton demi-ton ton
Ex: du chap: 16.
Accord parfait. Accord parfait.
Dominante descend sensible, notes communes.
Majeur. Mineur.

Ex: du chap: 17.

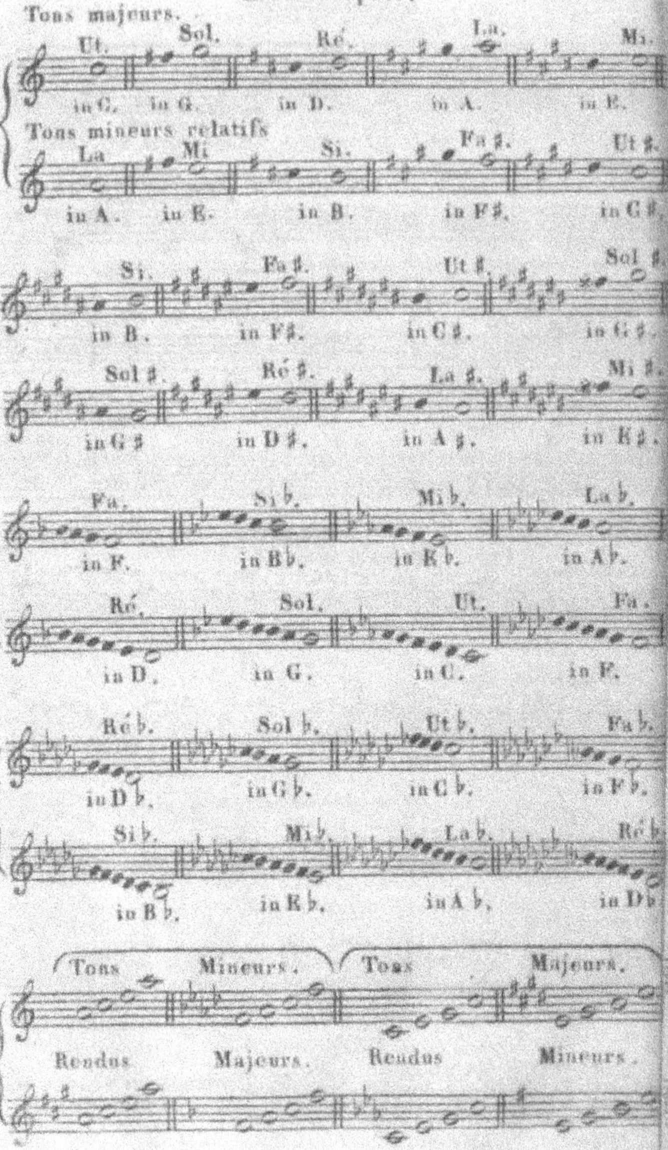
Tons majeurs.
Ut. Sol. Ré. La. Mi.
in C. in G. in D. in A. in E.
Tons mineurs relatifs
La Mi Si. Fa ♯. Ut ♯.
in A. in E. in B. in F♯. in C♯.
Si. Fa ♯. Ut ♯. Sol ♯.
in B. in F♯. in C♯. in G♯.
Sol ♯. Ré ♯. La ♯. Mi ♯.
in G ♯ in D ♯. in A ♯. in E♯.
Fa. Si ♭. Mi ♭. La ♭.
in F. in B♭. in E ♭. in A♭.
Ré. Sol. Ut. Fa.
in D. in G. in C. in F.
Ré♭. Sol ♭. Ut ♭. Fa ♭.
in D ♭. in G ♭. in C ♭. in F♭.
Si ♭. Mi ♭. La ♭. Ré ♭.
in B ♭. in E ♭. in A ♭. in D♭.
Tons Mineurs. Tons Majeurs.
Rendus Majeurs. Rendus Mineurs.

Ex: du chap: 19.

Demi-tons diatoniques en majeurs. Demi-tons chromatiques en mineures.

Ex: du chap: 20.

Gamme chromatique en montant avec Dièzes.

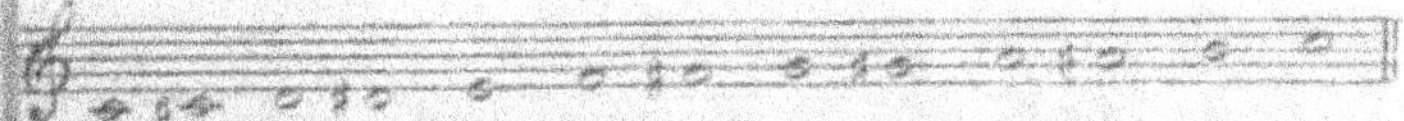

Gamme chromatique en descendant avec bémols.

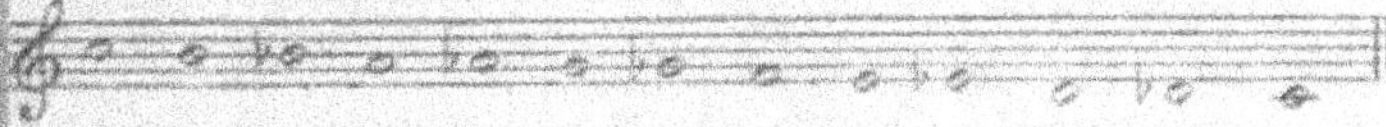

Gamme enharmonique selon l'ordre naturel.

Gamme enharmonique usitée par les modernes.

Enharmonie. Enharmonie.

Ex: du chap: 21.

Liaison.   Syncopes régulières.

Syncopes brisées.   Point d'orgue n'admettant pas d'ornement.

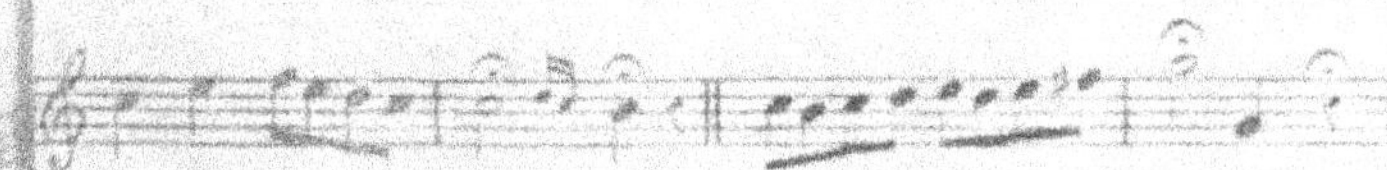

Point d'orgue permettant quelques agréments.

Point d'arrêt ou de suspension.
Point final ou Cadenza.
Piqué et détaché.
Reprises.
Signes de renvoi.
Guidon.
Renforcement Affaiblissement.
Petite note simple.
Petite note double.
Trille.
Mordant.
Grupetto avant la note.
Grupetto après la note.

Ex: du chap: 23.
1ère Manière de transposer.
Gammes de différents tons transposées en Ut.
Ré.
Ut.
Mi.
Ut.
Fa.
Ut.
Sol.
Ut.
La.
Ut.
Si.
Ut.
2eme manière de transposer.
Gamme d'Ut transposée dans tous les tons.
Ut.
Ré.
Mi.
Fa.
Sol.
La.
Si.

SECONDE PARTIE.

Ex: du chap: 1.

Ex: du chap: 7.

Chant des Psaumes et des Cantiques selon
l'usage de Paris.

4. Ton.
in E. in f. in D.
Lau-da-te Dominum om-nes gentes. euou a e. euou a e. euou a e.
in a.
Lau-da-te Do-mi-num om-nes gen-tes. e u o u a e.
in A. in C. in d.
Lau-da-te Dominum om-nes gentes. euouae. euouae. euouae.
Cantiques.
Be-ne-dic-tus Do-mi-nus De-us I-sra-ël Ma-gni-fi-cat
in C. ou transp: in F.
5. Ton.
Lau-da-te Do-mi-num om-nes gentes. euouae. Magnificat anima
Lau-da-te Domi-num omnes gentes. euouae. euouae. frumenti sui fiat te
in C. ou transp: in F.
6. Ton.
Lau-da-te, Do-mi-num om-nes gen-tes. e u o u a e.
Cantiques.
Be-ne-dic-tus Domi-nus Deus Israël. Magnificat a-nima mea Dominum
in G.
Lau-da-te Do-mi-num om-nes gen-tes. euouae.

Suite du 6e Ton.

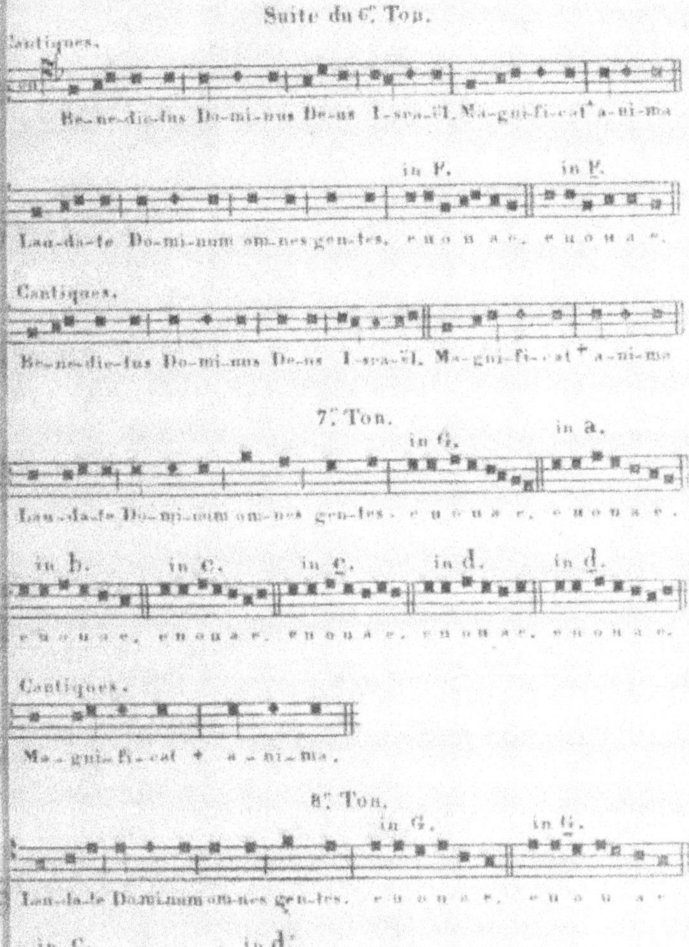

www.ingramcontent.com/pod-product-compliance
Ingram Content Group UK Ltd.
Pitfield, Milton Keynes, MK11 3LW, UK
UKHW022108170726
13837UKWH00003B/1119